スタンプ1個で返せる時代に

「書いて伝える」

ことを選んだあなたへ

今の時代、伝える手段はたくさんある。
スタンプ1個でも返事ができるし、
自動返信なんてものもあるし、
とても便利だ。

実際、僕らは忙しいし、
時間を割くべきことは無限にある。

でも一方で、
どうしても「自分の言葉で伝えたい」
と思うときがある。

それはどんなときか？

それはたとえば、

思い入れのある企画提案。
お世話になった人への感謝のメール。
久しぶりに会いたいと思ったときの手紙。

そこにあるのは
自分にとって大切な「**気持ち**」。

つまり、
スタンプや定型文などでは、
到底表現しきれないときだと思う。

常識にならったり、
声の大きな意見に合わせたりするのは楽だ。
けれど、それに慣れてしまうと、
いったい何が正しいのか、
何が本当なのかわからなくなってくる。

そんななかでも、自分の心がどう感じたか、
それだけはごまかしようのない、確かなことだ。

その価値をうっすらとわかっているからこそ、
僕たちは、
わざわざ自分の手と頭を働かせて、
書くのではないだろうか。

ここでたとえば、
万葉集について考えてみよう。

万葉集は、今の時代でもみんなが知っている
日本最古の歌集だ。

その内容は、
奈良時代のおもに貴族の生活をつづった
きわめて個人的なもの。

意味を読み解けば、
「山が雲で隠れちゃって残念」みたいな
現象として平凡すぎるものもある。

でもそれが現代にまで残っているのは、
当時の貴族の暮らしや文化がわかる「**情報**」と、
きわめて個人的な、作者の「**感情**」が
セットになっているからではないだろうか。

当時の人々は、季節の移ろいになにを感じていたのか。
なにを美しいと感じたのか。
なにに心を動かされ、
なにに心を痛めていたのか。
そして、どのようにして大切な人を想っていたのか。

それは生きているからこそ実感できることなのだと思う。

今、文章を書きたいと思うとき、
僕らも同じで、
自分が生きている中で感じたことを
ただちょっと他の人にも知ってほしいだけなのだ。

その気持ちをひたすら叫んでも暑苦しいだけだし、
情報だけを羅列してもつまらない。

それらを**うまくブレンドすること**が
大切なのだと思う。

この本では、それを実現するために
僕がこれまで習得したすべてを記した。

書くときに立ちはだかってくる
難関についても解説している。

言葉での説明で伝わりづらいことも、
ニュアンスが伝わるよう
読み物として工夫したつもりだ。

あなたが伝えたいと思ったとき、
そこには、
何にも左右されない
あなただけの**感情**がある。

だから、書こう。
世界でただひとりの、
あなたの文章を。

文章で伝えるときいちばん大切なものは、感情である。

読みたくなる文章の書き方29の掟

pato著

アスコム

そこには静かな絶望があった。

ゆるやかな音楽が流れるコメダ珈琲店の店内。あるテーブルの会話が聞こえてきた。べつに盗み聞きするつもりはなかったけど、適度に静かな店内ではどうしても聞こえてしまうのだ。なんだかそれは深刻そうな雰囲気だった。

「書けません」

「もう書けません」

「書くくらいなら死を選びます」

隣のテーブルのその彼が矢継ぎ早、リズムよく、畳みかけるように「書けない」と三度も繰り返した。死を選ぶとはなかなか穏やかでない。

その男は、服装から受ける印象は若そうだけど、それなりに年齢を重ねた男性だった。線が細く、弱々しい雰囲気だ。その向かいには神経質そうな銀縁メガネの男が座っていて、斜めに座ってタブレット端末を睨みながら不機嫌であることを隠そうともしていなかった。

「つまり絶望しているってこと?」

神経質そうな男は苛《いら》つきながら言葉をぶつけた。

「はい、もう絶望です」

テーブルの木目でも数えているのかと思うほどに俯《うつむ》いていた。

会話の内容から察するに、男はなにかが書けないと絶望しており、神経質そうな男はそれに苛立っているようだ。

「どれくらいの絶望?」

神経質そうな男から予想だにしない質問が飛び出した。絶望している相手に向かってなかなか出せるものではない。死にそうなほどの重傷を負った相手にどれくらい死にそう? と聞いているようなものだ。

「んー、どれくらいだろ?」

男にとってもまったく予想していなかった質問のようだ。ただ、真面目な性格のようで、そこまで真剣に考えなくてもいいだろうと言いたくなるほど真剣に悩み始めた。

「あー、あれですかね。私、チキン南蛮が好きなんですけど、定食屋に入ってチキン南蛮あるやん、って喜び勇んで注文したら、ただ単にトリのから揚げにタルタルソースをかけただけの代物が出てきたときくらいの絶望です」

「わかりにくい例えだな」

神経質な男に同意だ。なぜ定食に例えたのかわからない。ただ、男のその表情からやはりそれは深い絶望なのだろうことがうかがえた。

男はなにかを書く必要があって、神経質な男がなにかを書かせようとしている。ライターと編集者という関係だろうか。とにかくそういう関係性だろう。

僕は目を瞑《つむ》って彼の言葉を頭の中で繰り返した。

チキン南蛮はともかく、彼が口にした「絶望」という言葉は素晴らしく信頼できるものだ、そう感じたのだ。


挨拶が遅れてしまった。いきなりコメダ珈琲のシーンから始まってしまい戸惑ったことと思うけど、この本は『文章で伝えるときいちばん大切なものは、感情である。』で間違いない。

さて、この本を手に取っているということは、どんな形であれ、皆さんは「書きたい」という想いを持っていると推察する。

そんな皆さんに最初にお伝えしたいのは「書くこと」と「絶望」はあまりに親和性が高いということだ。ちょっとした定食屋ならセットで出してもおかしくないほど相性がいいものだ。文章を書くセットを注文したら小鉢に入った絶望がついてくるお得な定食だ。すごくわかりづらい例えを出してしまって完全に失敗した。なんで定食に例えた。

とにかく、書くことと絶望は完全に隣り合わせで、共にあるものなのだ。だから、絶望した青年がいるコメダ珈琲のシーンから始めさせてもらった。

「書けない」という絶望を見せた彼は、なにを強いられていてなにを書こうとしているのかはわからないけれど、とにかく信頼できると心の中で膝を打ったのである。またわかりにくい表現を使ってしまった。心の中なのか膝なのか、打った場所がわかりづらい。


つい先日、とある企画において、これまでに僕がインターネット上に何文字の文章を書き綴ったのかカウントしてみたことがあった。驚いたことに22年の間で実に1300万文字を綴り、発表していたのである。ハッキリ言わせてもらうと狂気というほかない。狂っている。

そんな狂気が漂うほどに文章を書いてきた僕が断言する。

「文章を書くことにおいて 絶望こそが信頼できる」

書こうとして絶望するのは当たり前であり、絶望しないことなどありえないのだ。そう、僕はずっと絶望しながら22年間、１３００万文字を書いていた。

「文章を書くことが楽しくて仕方がないですよ。文章って楽しいものですからね。絶望なんてないですよ」

そういう人もいると思う。そういう人はこの本から得られるものはほとんどないと思う。申し訳ない。

ではなぜ「絶望」は信頼できるかという話をしよう。

端的に言ってしまうと、**「絶望」のその手前には「希望」があるからだ。**「希望」なくしては「絶望」のしようがない。「希望」があるから「絶望」がある。その「希望」があることが書くことにおいて重要だからだ。

では、ここでの「希望」とはなんだろうか。

それは「こう書きたい」「これを伝えたい」「こう思われたい」「認められたい」とい

う気持ちだ。感情と言い換えてもいいかもしれない。それが上手く達成できないから人は絶望するわけだ。これが皆無な人はそもそも「絶望」しない。

だから、いざ、なにかを書こうとしたとき、絶望したとしても、それだけで自分は向いていないなんて深く傷つく必要はない。そこで書くことを止める必要もない。おそらくその絶望は正しいのだ。それは、いいものを作ろうという「希望」、その気持ちから生じるものだからだ。

例えば、何も考えずに狂ったように、それこそピアノ演奏の最高潮のようにハチャメチャにキーボードを連打しても文章は完成する。1時間ぐらい狂ったように叩いたらかなりの長文になるだろう。けれども、そこには支離滅裂で意味をなさないものが並んでいるはずだ。

なんでもいいから1万文字を書く、と言われたときに本当になんでもいいのなら1万個の文字を並べればいい。でも、あなたが書きたいものはそんなものじゃないでしょう。

せっかく書くのだから、上手に書きたい、読まれたい、伝えたい、誰かの心を揺さぶりたい、そんな「希望」があるはずだ。そして、それが達成されず「絶望」する。だから僕は「絶望」がある書き手を信頼する。

この「文章を書くときに直面する絶望」だが大きく分けて三種類の絶望が存在する。いや、三段階の絶望といったほうが適切かもしれない。

一段階目　書けないという絶望
二段階目　届かないという絶望
三段階目　伝わらないという絶望

これらの絶望は文章を書くときに必ず生じるものだ。生じない場合は、なにかを疑ったほうがいい。

そして、これらの絶望を克服しないまでも、なんとか誤魔化しつつスルーするか、絶望しつつもそれを抱えて走っていくか、とにかくクリアすることが大切だ。それが文章を書く上で大切なことなのだ。だからこの本では、「絶望を克服」とまでは言いすぎだけど「絶望と上手に付き合っていく」という感じで文章を書くやり方を解説していくつもりだ。

僕が文章をはじめて書いたときのこと

どう書いていいのかわからない。上手く書けるかわからない。何かモヤモヤした思いはあるけど、どう言語化していいのかわからない。書いたら批判されるかもしれないから書けない。書き方がわからない。

いざなんらかの文章を書こうとすると多くの思いが頭の中を駆け巡る。

これらの考えがどんどん肥大化していき、書く前の段階になって絶望するか、書いている途中に絶望するか、とにかく完成までに至らない。そんな事象は山ほど存在する。

その中でも「上手く書けるかわからない」という絶望はなかなかに深刻だ。一説によると、この世の中で誰かに書き始められる小説の9割は完成に至らないらしい。どうやら途中で「上手く書けない」「つまらない」と、やめられてしまうみたいだ。書き始められることすらなく、構想だけで消えていったものも含めれば完成に至るのは1％くら

のこと

いしかないのかもしれない。それくらい「書けない絶望」は大きな関門として我々の前に立ちはだかっているのだ。

何度も言わせてもらうけれども、これらの絶望はとても正しいものだ。なんらかの希望を持って文章を書こうとした場合、必ずここにぶち当たる。かくいう僕もぶち当たったものだ。

僕自身は、誰かに見せる文章を書くようになって22年になる。22年前の2001年の世界では「テキストサイト」という主に文章を並べたホームページが流行しており、皆がこぞってテキストサイトを運営していた。

僕自身もその流行に乗って「Numeri《ぬめり》」というテキストサイトを開設した。さあ、文章を書くぞと意気揚々とホームページを開設したのを今でも覚えている。

ここで初めて自分の中に生じたのが**「書けない」という絶望**だった。いや、書けるのだ。書こうと思えばどんな文章でも書ける。けれども、インターネットに公開して多くの人に読まれ、賞賛を得るような文章を書こうとしたとき、なにをどうやっても書けないと絶望したのだ。なぜなら、そのような訓練を一切、受けてこなかったからだ。

特に、22年前のインターネットは完全なる黎明期《れいめいき》だった。いや、インターネットとしては成熟していたけど、一般人が文章を書いて発表するという文化においては完全に黎明期だった。だから、親切に教えてくれる先輩も、丁寧にコツを解説したマニュアルもなく、手探りでやっていくしかなかったのだ。そんな中で、誰かに認められる文章を書くことは難しく、書けないという絶望があった。

さて、さきほども少し触れたが、僕は22年間もの間、文章を書き続けている。22年と言えば生まれたばかりの子どもは大学を卒業し、そろそろ親のありがたみなどを理解してくる年頃、それだけ長い年月だ。

それだけやっていると次のような言葉を言われることがある。

「22年もやっているなんて文章を書くことがお上手なんですね」
「22年もやっているなんて文章を書くことがお好きなんですね」
「22年もやっているなんて文章を書く才能があったんですね」

これらは完全に的外れな指摘だ。なぜなら文章を書くことは上手ではないし嫌いだし、才能はないからだ。できればやりたくないとすら思っている。22年間も書き続けた今でもそうだ。むしろ憎んでいる節すらある。

それでも、曲を作れないし、演奏もできない、絵も描けない、人目を惹くルックスでもない、なにかで自分を表現しようと思ったら文章しかなかった。それしかできなかったから仕方なしに書いているだけなのだ。

たとえば47年ほどの人生を謳歌している人に「40年以上も人生やっていて人生が好きなんですね」とは指摘しないだろうし、人生がお上手なんですねとは言わない。人生をやる才能があったんですね、とはならない。みんな仕方なしに人生を生きているし、どこかで自分の人生を憎んでいるはずだ。上手に生きていけなくとも人生というものを生きていかねばならない。自分にとって文章とは人生に対する考え方にとても近い。だから文章に対して特段に得意という意識がなく「書けない」と絶望することは必然でもあった。

そんな風に絶望した僕がどうやって22年間も書き続けてきたのか。そこには**幾多の絶望を受けとめ、それと付き合っていくための執念**みたいなものがあった。

そして、そのあとも段階的に「届かないという絶望」「伝わらないという絶望」これらがやってきた。そのたび、僕は執念めいた方法でそれらと付き合っていく方法を見出したのである。思えば、ほぼ試行錯誤であった。

本書は主にその絶望と付き合っていくために行った執念について書き記したもの、突き詰めればそれだけである。

僕は幼少期より、努力の仕方と執念が少し変わっていた。それを象徴づけるエピソードがある。はやい話がちょっと狂っていたのだと思う。

小学生のときにどうしても2桁の掛け算ができなかった。他の理論は普通に理解できるのに、なぜかそれだけはだめだった。いまとなっては普通に理解できるのだけど、何かひっかかるものがあるのか、どうしても56×23などが計算できないのだ。

自分はバカなんだろうと落ち込んだけれども、そこで諦めることもできなかった。仕方がないので執念で克服することにしたのである。

皆が暗記させられる1の段から9の段までの掛け算九九、あれを99の段まで拡張して暗記した。暗記すれば計算ができなくても関係ない。それこそ血の滲む思いで暗記した。このあたりはかなり常軌を逸していると思う。20の段や40の段など、きりがいい段が覚えやすいボーナスタイムだったことを今でも思い出す。

おそらくその暗記は不完全だったと思うけど、当時の僕はそれで解決したと誇らしかったのだ。いまでも56×23＝1288と計算せずとも出てくる。これで2桁の掛け算を理解する必要はなくなったのだ。まさしく執念だ。

まあ、この執念も3桁の掛け算が登場することで砂の城のように崩壊するのだけど、そのへんはどうでもいいのだ。

僕には常軌を逸した執念をもって、できないことを解決する癖みたいなものがあった。それはいまでも変わらず、あらゆる場面で執念めいた解決を図るところがある。

文章についても、本当に下手だった。ダメだった。何度も絶望したし、いまだに絶望を続けている。でも、やらなければならないのである。自分というものを伝えるためには文章しかないからだ。

あの日、どうしてもできなかった2桁の掛け算を99の段で解決したように、**下手で読まれない文章、それに伴う絶望、これらを解決する執念の試行錯誤、その方法をこの本で余すことなくお伝えしていきたい。**

基本的には執念さえあればなんとでもなる。僕は今でもそれを信じていて疑っていない。

ネットで有名なある人気ライターが「どうしたらあなたのようにおもしろいものを書けるのですか?」と質問されていた場面に遭遇したことがある。

そのライターは本当におもしろい文章を書く人で人気もあった。その彼の返答がとても興味深い。

「僕、もう10年もこんなことやっているんですよ」

これに尽きる。この言葉の意味は重い。

10年間、ただ書いていただけではなく、どうしたら伝わるんだろう、と考え抜き、試行錯誤を繰り返した10年間だ。きっと幾度となく絶望したのだろう。その絶望が垣間見えるし、それを解決する執念が顔を覗かせる。同じく絶望し続けてきた僕にはわかる。想像するだけでその努力に賞賛をおくりたくなってしまう。

その観点でいくと、こちらもそのような試行錯誤を繰り返し、22年が経過した。22年間も繰り返してしまった。2倍以上だ。2倍以上の執念だ。

「僕、もう22年もこんなことやっているんですよ」

読者の方に質問されたらそう答えたいが、残念なことに質問されないので答える機会がない。そこまでは人気がないのだ。

けれども、執念めいた試行錯誤をしてきたのは事実で、自分の中でもノウハウを積み上げてきた自負がある。これはまさに伝えるための秘策に満ちていると言ってもいいだろう。

本当の意味での「バズ」を巻き起こそう

ブログ、note、X（旧Twitter）などのSNS、メッセージアプリ、動画のコメント欄、匿名掲示板、仕事の書類、Slackなどのビジネスツール、いまや日常生活で文章を書かない人はいない。近年では文章を書くことの重要性は急速に高まっている。ただ文字列として文章を並べることではなく、そこには伝えたい相手が存在するはずだ。

絶望の前には希望がある。そしてその希望を究極的に突き詰めると「伝えたい」という想いに行き着く。

では、なぜ「伝えたい」となるのだろうか。別に伝わらなくてもいいじゃんね、となるのも極めて自然な感情だし、尊重されるべきだ。

それでもあえて主張したい。あらゆる文章はバズらなくてはならない。最終的にバズることを目指して書くべきだし、書かれるべきなのだ。ただし、その「バズ」は、いま皆さんが想像した意味とは異なるものだ。相手の心をつかむ意味での「バズ」を起こす必要があるのだ。そしてそれが「伝わる」なのだ。

はてな匿名ダイアリーというサービスがある。株式会社はてなが提供するサービスで、誰もが匿名で日記を書けるというものだ。アノニマスダイアリーという名称からマスダの部分を抜き出して、そこで日記を書く人や、このサービス自体を増田と呼ぶ文化がある。なぜそこを抜き出したのかはわからない。

2016年、その匿名ダイアリーに、おそらく女性と思われる増田が1本の日記を投稿した。

「保育園落ちた日本死ね!!!」

である。

一億総活躍社会を謳《うた》っておきながら保育園に落ちた、わたし働けないじゃん、活躍できないじゃん、と社会や政治を批判した短い文章だ。

これが多くの人に拡散され、最終的には国会で取り上げられ、ユーキャン新語・流行語大賞のトップ10にノミネートされるまでになった。いわゆる「バズ」を起こした文章だ。

「バズ」とは、インターネットで発表した何かの成果物が多くの人にまで拡散され、もはや個人の力を超えたレベルで広がっていく現象だ。

それは文章であるかもしれないし、イラストかもしれないし、写真かもしれない。もしかしたら動画かもしれない。圧倒的な潮流が巻き起こり、一夜にして日本中のネットユーザーがその成果物を知る、それが「バズ」だ。

この文章を読むと、たしかに保育園落ちただし、日本死ねだし、主張の内容は理解できる。けれども、この現象の最も重要な点は、ただ一人の女性の心の叫びが文章によって多くの人に共有されたという点だ。

普通はただのいち個人のボヤキで終わってしまい、その女性の知人くらいに共有されて終わりだ。絶対に国会では取り上げられないだろう。けれども大きく広がってしまった。それがバズのおもしろさでもあるし、怖さでもある。

我々は文章を書くことによって「バズる」必要がある。

これはなにも「保育園落ちた」のようにたくさんの人に拡散され、共有される文章を書きなさいというわけではない。なんでもいいから目立てばいいという思想でそれをやると、訳のわからない迷走の末に、回転寿司の醬油ペロペロみたいになってしまうのだ。

ここで重要なのは文章によって人の心を動かす必要がある、という点だ。

これはバズの定義というか捉え方による部分が大きいけれども、文章でバズる必要がある、とすると「いやいや、そんなことないよ、バズる必要はないよ。バズるための文章術は必要ないよ」となる人が出てくる。これは当たり前だ。文章を書くすべての人が本来の意味でのバズを狙っているわけではないからだ。むしろバズを目指して書かれる文章のほうが圧倒的に少ない。

動画のコメント欄に書く「美咲ちゃんが好き。今日も素敵な動画をありがとう」というう少しねっとりした文章をバズを狙って書く人はいないし、誰かに送るメールでバズを狙う人はいない。むしろ、誰かに送った愛のメールがバズって多くの人に拡散されるなんて避けたい事態だ。

そういった中で「バズりましょう」といってもピンとくるはずがない。ただ、これは「バズ」を巨視的な現象と捉えているからだ。それだと理解が難しい。

2019年にnoteに書いた文章がある（現在はさくマガに記事移籍済み）。「牧瀬里穂のJR東海クリスマスエクスプレスのCMが良すぎて書き殴ってしまった」という文章で、クリスマスが来るたびに思い出される名作CMを徹底的に考察した文章だ。

これは閲覧数100万PVを簡単に超越し、信じられないほど拡散され、ネットニュースにもなり、各地のラジオ番組などに取り上げられるまでになった大きなバスを

そう

生み出した文章だ。発表から年月が経った今でもクリスマスの度に数多くの人に読まれるモンスター文章だ。だが、本質はそこではない。

この文章がバズった数日後、1通のメッセージが僕のもとに届いた。

「あの89年の牧瀬里穂さんのCMに映っていて、途中で牧瀬里穂さんとぶつかる男性は私のおじいちゃんです。今回、patoさんの文章を読んで、あらためてこんな多くの人に愛されるCMにおじいちゃんは出てたんだなあ、ともう亡くなったおじいちゃんのことを思い出し、ついついメッセージを送ってしまいました」

このメッセージを受け取り、バズるとはこういうことだと思ったのだ。

それが誰かに伝わり、誰かの心を震わせ、行動にまで走らせる、

その結果として一人一人が拡散をし、巨大なうねりを作りあげているのだ。巨視的に見ても局地的に見ても、起こっていることは本質的に同じで、バズとはいかに人の心をつかみ、行動に移させるかということなのだ。本来、あらゆる文章はこれのために存在すると言っていい。もちろん、本来の意味でのバズも重要で、多くの人に読まれれば読まれるほど、例に出したお孫さんのように、心が動く人の目に留まる可能性は高まる。

自分が書いた企画書の文章がクライアントの心を動かし企画が実現した。これもバズだ。誰かに送ったラブレターがバズって多くの人に拡散されては困る。けれども、送った相手に好意が伝わり、心を動かし、なんだか気になるかも、もしかしたら好きかもと気持ちが変わっていき、むこうも好意を伝えてくれた。

これは考えうる最高レベルのバズだ。

最高にバズった文章じゃないか。

だから我々は文章を書くとき、受け取った人の心をつかむ必要がある。それがバズだ。だからバズる必要があるし、バズのための手法を学ぶ必要があるのだ。

実は文章で人の心をつかむことはそう簡単なことではない。けれども、僕らは日常生活でそれをやっている。いとも簡単にやってのけている。僕らは会話や行動で誰かの心を動かし、誰かに心を動かされているのだ。意図していなくとも、それがドラマチックでなくとも、あなたの行動は誰かに影響を与えて、時に心を動かしている。

お腹が痛くてコンビニのトイレ前で苦悶している姿を見て、知らない誰かがかわいそうと思う、それだけで心を動かしているわけだ。生きているだけで他人の心を動かすことはできる。というか、やっている。生きてんだもん。あとはそれを文章でやればいい、それだけだ。ただ、文章でそれをやるにはちょっとコツがいる。

そういった意味で「保育園落ちた日本死ね!!!」を読み返してみると、誰かの心を動かす仕組みに満ちている。荒々しい言葉を使い、勢いよく綴られる裸の感情は、共感と反感を起こしやすくなっている。こうして誰かの心をつかんでバズったから、自分の感情を多くの人に共有できたのだ。そして、それが少なからず、社会を動かした。

さて、もういちど絶望の話に戻ろう。

「書けないという絶望」
「届かないという絶望」
「伝わらないという絶望」

なにかを書いて伝えようとするとこれらの絶望が段階的に襲ってくる。

この本は、これらの絶望とうまく付き合いつつ、誰かの心にバズる、そのための手法を記したものだ。その手法は僕が22年間の試行錯誤で培ったものであり、基本的な文章論から大きく逸脱するものだ。
それでもいいという人だけが読み進めないと

「patoってやつの本を読んだら訳のわからないことしか書いてなかった、
日本死ね!!　いや、pato死ね!!!」

と増田に書かれることになるので、それだけは勘弁してほしい。

もくじ

第1章 書けないという絶望

文章に才能はいらない

第2章 届かないという絶望
読まれるために、どう書くか

第3章 伝わらないという絶望

正しいだけが、書き方じゃない

絶望の先にあるもの

第1章

書けないという絶望

文章に才能はいらない

文才がないからうまく書けないんじゃない、むしろ逆だ

さて、いよいよ文章を書くぞという場面で襲い掛かってくる「絶望」とどう向き合っていくかというお話だ。

いざ何かを書こうとしたときに最初に訪れる絶望には「自分には才能がないからなあ」という考えが含まれる。

先に結論だけ述べておくと、文章を書く上で、文才だとか才能だとか、そういった生まれ持った能力は必要ない。むしろ邪魔だ。そこだけは最初に述べておきたい。

僕は22年も文章を発表し続けている。これだけ長く続けていると、書いたものが本来の意味でバズったこともあるし、賞賛を浴びたこともある。少なからず好きだと言ってくれる人もいる。その中で必ず言われる言葉がある。

「才能がある」
「文才があってうらやましい」
「天才かよ」

悪い気はしない。こういったことをよく言われるので、もしかして才能があるのかなと天狗《てんぐ》になりそうだが、落ち着かなければならない。そんなわけがない。

文才とは文章を書く才能のことなので、これらはどれも天賦《てんぷ》の才について指摘しているわけだ。では、才能とは何かというと、辞書によると「物事を巧みになしうる生まれつきの能力」とある。つまり、生まれついた能力があるから巧みな文章を書けているんだと褒められているわけだ。

しかしながら、いくら自分の中で反芻《はんすう》してみても、どうにもこの「才能」について心当たりがないのだ。そう、明らかに僕には才能がないのだ。22年ほど文章を発表してきてわかったことは唯一、それだけかもしれない。

僕には才能がないのだ。

文章の才能がある状態というもの想像してみると、そういう人は生まれついて書く能力に長けているわけだから、幼い頃から作文や読書感想文で頭角《とうかく》を現し、成長していくうちに文学賞なんかも受賞して、いつのまにか大作家になっている、なんてことがあるかもしれない。そうでなくとも、特別な訓練がなくてもいい文章が書けて、いつの間にか書くことが仕事になっている、なんてこともあるかもしれない。サラサラと書いて発表したnoteが大バズを引き起こした、なんてこともあるかもしれない。

けれども、その定義でいくと、やはり僕には才能がなかった。特に、持って生まれた文章の才能は皆無だったと言い切ってもいい。これは謙遜《けんそん》でもなんでもなく、本当にそうなのだから仕方がない。

読書感想文は本を読まずに想像で書いていた。そのときにananで特集していた「私と太宰治」みたいなコラムを参考にしていた。いま「参考にしていた」と綺麗な言葉を使ったけど、正直に言うと、パクっていた。そのまま書き写していた。とにかく読むことも書くことも面倒で文章というものとの親和性がなかったのだ。子どもが書く読書感想文なのに「私たちOLにとっての太宰治は」みたいな書き出しで、瞬殺で担任教師にばれてしまい、死ぬほど怒られたものである。

作文は、指定の文字数を埋めるために固有名詞を連呼して埋め尽くしていた。書きたくなかったのだ。

むしろ、そのために「本町第三区児童福祉公園東地区第4緑地公園」という早口言葉みたいな長い名称を持つ公園で遊んで、それを作文の題材に選んでいたくらいだ。

本町第三区児童福祉公園東地区第4緑地公園で遊んでいると、友達の古池君がやってきて、「おまえら本町第三区児童福祉公園東地区第4緑地公園で遊ぶなんてつまらないぜ」と言っていました。僕は本町第三区児童福祉公園東地区第4緑地公園で遊ぶのが好きなので、どうしてそんなことを言うんだろうと反論しました。「本町第三区児童福祉公園東地区第4緑地公園で遊んだっていいでしょ」。すると古池君は不満そうに本町第三区児童福祉公園東地区第4緑地公園で遊ぶなんてダサいぜ、と言いました。

こんな調子で、長い固有名詞の連呼で文字数を稼ぎ、原稿用紙4枚以上、という指定をクリアしていたのである。

もちろん国語の成績は5段階評価で2だった。たまに1のときもあった。我がことながらすさまじい酷さだ。**とにかくその片鱗すら見せない圧倒的な才能のなさを示す少年時代であった。**

もういちど言わせてもらう。文章を書き、誰かに何かを伝える場においては「才能」は必要ない。言い換えると**「才能」**がなくともなんとかなる。それが文章であるし、**だからこそ文章はおもしろい。**

もちろん、持って生まれたセンスみたいなものは絶対にある。それですごいものを作る人はいっぱいいるし、それがなければ勝負にならない世界も当然に存在する。けれども、この本で扱う文章術に才能は必要ない。それだけは言い切れる。

こういった主張をすると、あれあれ謙遜ですか、あまり度が過ぎると嫌味ですよ、みたいなことを指摘される。けれどもこれは謙遜でも嫌味でもない。その証拠に、この僕が22年前に初めてインターネットに公表した文章を紹介しようと思う。これを読むことでどれだけ才能がないか理解してもらえるだろう。

あまり自分で書くのは憚《はばか》られてしまうが、2024年時点で僕がインターネットに発表する文章の評価は次の通りだ。

「とても面白い」

「文章が上手くて読みやすい」

「文章も構成も上手い、文才がある」
「安定のpato」
文章を発表するとこれらのコメントが光の速さで書き込まれる。そんな人物が22年前にどのような文章を世に出したのか見てみよう。

10/22 おつかい
上司のおつかいで、速達の書類を出しにクロネコヤマトまで行ったんですよ。送料は多分、1000円もかからないだろうけど、

上司が細かい札を持ってなかったので5000円渡されました。で、遠く離れたクロネコヤマトの営業所まで車を運転してたんですけど、

急に腹痛が・・・。
しかもかなりの大物。
我慢できずに、車を停め、マクドナルドまで駆けるようにしていって用を足しました。

なんとか無事に用を足し、ホッと一息。店を後にしました。で、無事にクロネコヤマトに到着したのですが、

上司から預かった金がない・・・。

落としたっぽい・・・。

そういえば、マクドナルドで若者達の集団が何やら歓喜してたような・・・。

きっとあいつらが俺が落とした5000円をゲットしたに違いない

そう思うと悔しくて悲しくて

自腹で送料を払い。お釣りも自腹で上司に返しましたとさ
手痛い出費でした。

Numeri 2001/10/22 より

かなりひどい。ひどすぎる。顔から火がでてしまいそうだ。いや、でている。それくらいにひどい。もういちど言う。ひどい。
誤解を招かないように付け加えると、これは日記なので別にこの文章自体が悪いわけではない。そもそも日記とはそういうものだし、こんなものはネットのあちこちに溢《あふ》れている。たぶん、ネット上に存在する文章の9割はこんなものだ。悪いわけではないし、気にする必要もない。

ただ、これを読んだ人が、うちの商品を紹介する記事を書いてほしいだとか、我がメディアに文章を書いてほしいなどと依頼してくることはないと思う。これが狂ったように拡散されてバズることはないだろうし、それが起こったとしてもポジティブなものではないことがわかる。誰かの心を震わせることもおそらくない。伝わらない。

長いこと文章を書く活動をしていると、ライター志望の若者の相談を受けることもある。ライターになりたいです、僕が書いたものを読んでください、と血気盛んな若者がこれを提出してきたら、ちょっと言葉に詰まってしまう。もしかしたら、遠回しに「ちょっと今の状態だと厳しいものがある」といったニュアンスのことを伝えるかもしれない。我が文章ながら、それくらいこれは才能の片鱗が感じられないものだ。

この文章は日記としてはありきたりだけど、**誰にも読んでもらえない文章**だ。読んでもらえないなら伝わらないし、伝わらないのならば、それはそこに存在していないことと同じになってしまう。現に、この文章は誰にも読まれることはなかった。

僕のやっていたテキストサイトは、後に日に3万人、月に換算すると100万人が訪れる大人気テキストサイトとなるのだけど、そのサイトのオープニング日記として掲載されたこの文章は、掲載されたこの日、2人しか読みに来なかった。**そのうちの1人は自分なので、実質的には1人にしか読まれなかった。**

この閲覧者1人からはじまり、3万人の大人気サイトを通り抜け、いまやさまざまなメディアに寄稿して閲覧数100万を超えるバズを数多く生み出し、本を出すまでになった、それがこの本の著者である。

その秘訣はどこにあるだろうか。

これはもう**「才能」**なんて言葉で片づけていいものではない。

これを読んで、才能でしょと諦めることは絶対に許さない。

そう、これは才能ではなく努力でしかない。そこには努力しか存在しなかった。22年間、ずっと試行錯誤を繰り返していた。どうしてダメなんだろう、こうしたらどうだろうか、いまだにそれを繰り返している。思い返せばずっとそれしかなかった。

だから、文章を書いて伝えることに関しては、才能だとか文才だとかは不要である。むしろ邪魔だ。下手に才能があると、そこそこに上手くいき、そこで試行錯誤をやめてしまうからだ。

僕には才能がなかった。たぶん今これを読んでいる君にも才能はない。でもそれでいいじゃないか。そこからどうしていくか、それがこの本の目的なのだ。

僕はずっと信じている。誰かの才能に触れたとき、人の心は動かない。せいぜい羨《うらや》ましいと思うくらいだ。諦めの気持ちや嫉妬の気持ちも生まれるかもしれない。

そうではなく、**誰かのひたむきさや誠実さ、真摯さ、**

それらに触れたときに人の心が動くのだ。

だから、文章において才能は必要ない。必要なのは真摯さ、ひたむきさ、誠実さだ。

それらを文章で表現していけばいい。ほら、よく考えたらけっこう簡単じゃないか。

だから「才能がない」なんて絶望する必要はない。そりゃあ才能があったほうがいいのはもちろんだけど、同じようになかった僕でもなんとかなっているんだ。「10／22 おつかい」なんてものをひっさげてデビューした才能のない僕でもなんとかなる。安心してほしい。

では、このデビュー文章「10／22 おつかい」には何が必要だったのか、ここからどう試行錯誤して今に至るのか、その部分を解説していこう。それがおそらく、文章を書く上での「書けないという絶望」の源泉になっているはずだ。

そもそも「伝えたいこと」はなんだろう？

じつのところ、書けないという絶望の中には**「そもそも書く必要がないのでは」**という根本的な問題を含むことがある。なぜなら、あらゆる文章には書く理由とでもいうか、書く必要性みたいなものが存在するからだ。書かなくていいものを書くという場面は基本的にないと思っていい。逆説的になってしまうけど、なんらかの書く必要に迫られているとするならば、たとえそれが業務などであっても、本来はそこにあなたが書く必要性があるはずだ。

自己満足的に書く文章、日々の記録や日記の類《たぐい》は書く理由などなくてもいいかもしれないけど、人に読んでもらうための文章は明確に書く理由が必要だ。では、その理由とはなんだろうか。

前述の「10／22 おつかい」については、文章としてまずい部分を挙げるときりがない。全体的に稚拙であるし、基本的な文章規則も守られていない。必要な句読点がない場所まである。三点リーダーすら使い方を間違っている。顔から火が出そうだ。いや、もう出ている。ただ、そんなものが可愛く感じられるほどこの文章にはまずい点がある。

この文章は書く必要性がないのだ。これが問題なのだ。

では、なぜ必要性がないのか。

それはこの文章に「伝えたいこと」が皆無だからだ。自分で書いたのだからわかる。流行しているからとにかくテキストサイトを始めよう、なにか日記を書かなきゃ、なんでもいいや、このあいだあったことを書いちゃえ、で書かれている。そこに伝えたいことは存在しない。これがまずい。

この種の文章は珍しいものではなく、世間で文章を書くことが流行するほどに増えてくるものだ。これはインターネット時代の到来により、書くこと、そして公表することにそこまでコストがかからなくなったために急増した現象だ。はやい話、文章を書くこと自体が目的化されたのである。

そこまで長いわけではないインターネットの歴史において、一般人がこぞって文章を書くようになったブームが4回ほど起こっている。メルマガブーム、テキストサイトブーム、ブログブーム、noteブームだ。このようなムーブメントが起きると、流行っているからやってみるかと、書くことが目的化された人が生じてくる。とにかく書きましょう、毎日つづけましょう、という本も登場してくる。そういうのを真に受けた人が「おつかい」みたいな何も伝えたいことがない文章を書いてしまうのだ。それ自体は問題ではないけど、ある意味では問題だ。書くことが目的ならそうでもないが、伝えるという観点で見ると問題だ。

では、「おつかい」のなにがまずいのかもう少し詳細に解説していこう。

この文章は、おつかいに行って「5000円を落とした」という部分が主題なのは明白だけど、それは単なる事実であって、そこから著者の「伝えたいこと」が見えてこない。これが問題なのだ。

伝えたいことがない希少性のない文章は、そこに存在する意味がない。

まず、この「5000円落とした」という事実はたいへんに悲しいことだけれども、その事象に希少性はない。つまり価値がない。

これが、あまり日本人が行ったことがない場所、マニアックな国だとか宇宙ステーションだとかそういった場所で5000円を落としたのなら、その情報には価値がある。だれしも、宇宙ステーションで5000円を落とした話は聞きたい。果たして落ちるのか、浮いたりするんじゃないの、それは落としたという表現でいいの、と興味津々だ。

また、誰もが知っているような著名人やアイドルなどが「5000円を落とした」と書くことには意味がある。それを読みたいと思う人がたくさんいるからだ。

ただ、希少な場所でもない、そのへんのよく知らない一般人が「5000円を落とした」ことにあまり情報としての価値はなく、人は読みたいと思わない。

では、どんなものを読みたいと思うか。

その人の主義主張が入った文章だ。

この文章を通じてこの人はなにを伝えたかったのか、それが込められた文章はただの日記とは一線を画する。この伝えたいことの有無こそが、人に読まれるために書かれた文章と、そうでない単なる日記との明白な違いになる。

例えば、ただの一般人が「新宿に行って映画を見てきました」と綴ったとしてもただの生活の記録でしかなくよほどのことがない限り意味のある文章にはならない。けれども、どんな映画を見て、どのような感想を抱いたか、それは自分の境遇やこれまでの経験と照らし合わせてどう見えるか、と記述することで意味が出てくる。

ではこの「おつかい」はどうすればいいのだろうか。あまりの恥ずかしさに赤面してしまうが、もういちど、この文章を見てみよう。なぜなら、**一見して伝えたいことがないような文章でも、何らかの意図をもって書かれた場合、そこには何**

かしら伝えたいことが潜んでいるからだ。ただ、それを書く人が意識していないから、なにもない文章になってしまうのだ。

〝そういえば、マクドナルドで若者達の集団が何やら歓喜してたような・・・。きっとあいつらが俺が落とした5000円をゲットしたに違いない〟

例えば、この部分の記述をもっと掘り下げるべきだ。ここに伝えたいことが潜んでいる。22年前に書いた人間だからわかる。

この部分の感情を掘り下げることで文章に意味が生じてくる。

なぜこんな気持ちになったのか。

ここが重要なのだ。

5000円を落としたらしい、その横で若者の集団が歓喜していた。あいつらが拾ったのかも。その事実に悔しさすら滲ませている、この感情をもっと分解すると、著者の伝えたかったことが見えてくる。

ただ5000円を落としただけでなく、そのうえでよく知らない若者がその5000円を拾ったと考えると、悔しさが1ランクも2ランクもアップしてしまう。これは日記の記述からも明白だ。

では、この感情はなんだろうか。よくよく考えると、5000円を若者が拾おうがどうしようが、自分が5000円を失ったという事実は変わらないのである。損が増えるわけでも減るわけでもない。むしろ、失った5000円を有効利用してもらったという考え方だってできるのに、そんな感情にはならない。

我々の内面には「自分が不幸になって悲しい」という感情と同時に「自分の不幸によって誰かが利を得ていて悔しい」という感情が同居する。それらは一般社会にも広くみられる現象で、ネット上で見られる多くの炎上騒動の根底にその思想が存在する。皆の生活を良くするのではなく、誰かが得をしないように足を引っ張る現象、みんな等しく不遇《ふぐう》になりましょう、出る杭《くい》を打つ現象、そんなものがこの国のあちこちに存在する。それは果たして正当な感情なのだろうか。この問いかけが大切なのだ。

こう記述することで5000円を落としたというただの情報から、どうして他者が得をするのが嫌なのか、それによって社会にどのような問題が生じているのか、偽《いつわ》りの平等、著者はそれをどう受け止めているのか、と受け取る情報がアップグレードされていく。それを読んだ読者もなにかを考える。そうなると俄然《がぜん》、「おつかい」にも読む価値が出てくる。

「きれいなだけの文字列」を文章とは呼ばない

文章は事実の羅列《られつ》だけでは、よほどの希少性などがない限り価値はない。そこに伝えたいことを入れることで初めて価値が生じていく。では、どのようにしてその「伝えたいこと」を盛り込んでいくのか考えてみよう。

前段で述べた、文章に伝えたいことを盛り込んでいくという表現はちょっと違った。

文章があって伝えたいことがあるんじゃない。**伝えたいことがあって、その手段に文章があるのだ。**

多くの人が「文章を書く」という事実に直面した場合、本来は書くことによって伝えたい何かがそこにあるはずだ。それが上手くいかないから絶望するわけだ。けれども、そうではないパターンもある。特に伝えたいことはないけどとりあえず文章を書こう、となるパターンだ。これは、本来は書く必要はないけれども仕事などの業務において書かなければならないパターンも含む。

もう一度、原点に立ち返って考えてみよう。

なぜ僕らは文章を書くのだろうか。

それは伝えたいことがあるからだ。人は伝えるために生きている。あらゆるコミュニケーションは伝えるために存在する。それをなるべく多くの人に向けてやろうと試みることが文章を書いて公表することだ。

どんな文章だって誰かに何かを伝えるために書かれるはずで、伝えたくて仕方がない、そんな気持ちから文章が発生すべきだ。逆説的に言うと、その気持ちがないのならば文章を書くべきではない。さらに逆説的にいうと、業務などで乗り気でない文章をどうしても書かねばならない際も、なんとかしてこの気持ちを起こさせることが重要となる。

動画のコメント欄だってそうだ。感想や意見を投稿者や閲覧者と共有したいからコメントを書き込むべきで、コメントを書き込むことだけが目的化されると「1ゲット」というあまり意味のないコメントで溢れることになる。そんなものは誰にもなにも伝わらない。意味もない。だから、書く行為の前には必ず伝えたいことがあるべきなのだ。

いくら文章が上手で綺麗で流麗であっても、そこに伝えたいことがないのならばそれはただの文字列の羅列でしかない。必ず、伝えたいことを意識して書く必要があるのだ。

では、どんな過程を経て伝えたいことを形にしていくべきだろうか。実際の例を見ていこう。少年時代にお金持ちの友人の家に行って大量のグッピーが華麗に泳ぐ巨大水槽に心奪われ、餌をあげてみたいと熱望し、友人の目を盗んで餌をあげたら、それがコンソメの顆粒だった。巨大水槽が一気にコンソメスープみたいになった。こんな事件があったとしよう。

じつのところ、巷《ちまた》に溢れる「おもしろい文章」はこの種のものが多い。おもしろかった事件や経験をおもしろおかしく綴り、読んだ人を笑わせる文章だ。しかし、これには伝えたいことが含まれない。確かに、こんなおもしろいことがあったと伝えることはできるが、確かにおもしろいね、で終わりである。

さて、それからかなりの年月を経て大人になってから、職場の社内報に「コンソメスープ」に関するコラムを書く必要が出てきたのだ。社員が持ち回りで、「悩んだ時にコンソメスープを飲んでほっと一息、救われた」みたいな文章を持ち回りで書くコーナーだ。

業務だからと書きたくもない文章を書くのは辛いことだけれども、そこに書く意味を見出して書くことが肝要だ。そこで、このグッピーコンソメ事件を書くことにした。そこに、このようなおもしろい事件の顛末《てんまつ》を書くことで、本当にコンソメスープに救われたのかも疑わしい文章が並ぶ当該コーナーに対するアンチテーゼ的な意味を見出したのだ。

しかしながら、この文章はその社内報の編集長から強烈なダメ出しをくらった。グッピーがかわいそうなことになっているのでクレームがくる。コンソメが悪者のように描かれている、クレームがくる。コンソメとわからない表現で書くべき。そもそもホッと一息的なエピソードが好ましい、などの理由で完膚《かんぷ》なきまでに修正され、訳のわからない文章になってしまったのだ。「なんらかの魚の水槽になんらかの調味料をいれてしまい、でもなんらかの魚は無事だった。ほっと一息」という出来の悪い暗号みたいなコラムに仕上がってしまったのだ。

このエピソードから伝えたいことが見えてくる。これは、なにもこの社内報に限ったことではなく、そして珍しい話でもなく、多くのメディアで起こっていることだ。書いたら炎上しそうなこと、クレームがきそうなこと、それらを過度に避ける傾向が昨今のメディアに存在する。書き手も書いたら面倒なことになりそうなもの、クレームがきそうなもの、炎上しそうなものを無意識に避けて書くようになっている。もはや書き手は書きたいものを書いているのではなく、書きたいものから書けないものを間引いて書いている。引き算で書いているのだ。

このような主張につなげることで、グッピーの水槽にコンソメを入れたエピソードも、その後の社内報が完膚なきまでに修正されて意味不明な暗号になってしまったことも生きてくる。

これはBooks&Appsというサイトにある「職場で「わたしのコンソメスープ」というコラムを書いたときの実際の構成手順だ。

この文章で最も伝えたいことは「多くの書き手は引き算で書いている」という点だ。それらは当たり前のように蔓延《まんえん》しているけど、それってどうなの？　という問いかけだ。

これがない場合、グッピーをコンソメスープにしたというおもしろエピソードと、社内報を死ぬほど修正されて意味不明な暗号になったというおもしろエピソードだけが存在する。確かにおもしろいと感じてもらえる可能性はあるけれども、それまで止まりの文章となる。

逆に、伝えたい事象だけを書いても伝わらない。いきなり「好きなことを書いていない！　もう引き算だ！」と書いても共感してもらえないし、いきなり何いってんだとなる。狂ったかと思われる可能性もある。

このように、何を伝えたいかから組み立てはじめ、それを補強するエピソードを記述していく、そうすることで伝えたいこともエピソードもどちらも伝わりやすくなるのだ。

「とにかく書きたい」で書かれた文章はとにかく伝わりづらい。

なぜなら書くことでほとんど完結してしまっているからだ。これが「とにかく伝えたい」になると、どう書けば伝わるのかを考えるようになる。

伝えるためには上手な文章が必要と感じたのなら、練習すればいい。アッと驚く構成が必要と感じたのなら、試行錯誤して作っていけばいい。いきなりそれをするのは難しいかもしれないが、そういった過程を経て作っていれば、伝わりやすい文章はできる。

文章の練習をいくらしても、たぶん伝わるようにはならない。伝える練習をしなくてはならないのだ。そのためには何を伝えたいかを強烈に意識する必要がある。

「何を伝えたいか」

真っ白なメモ帳を前にして、まずそれを書き始めることから始めよう。伝えることは書くことより大切であり、伝えたいことがないなら、べつに無理して書く必要はないのだ。

突然の「内輪ネタ」で読む人を仲間外れにしない

さて、伝えたいことを意識して文章を書こうとなった場合、おそらく多くの人が身近な題材を選んで伝えようとするはずだ。なぜなら、多くの人は特に専門的な知識があるわけではないし、特異的な体験を持っているわけでもないからだ。だから、ほとんどの場合で自分の周辺の世界こそが題材となる。ここで頭を悩ませ絶望する人もいる。こんな日常に誰も興味を持たないだろうという懸念だ。たぶんそれは正しい。僕らが有する情報は限定的だからだ。

その点に関しては後述するとして、ここでは身近なものを題材に選ぶ場合の注意点について述べる。けっこうやりがちなので最初に留意する必要がある。

「あまりに内輪感を感じさせる文章を書かない」

これは簡単なようでなかなか難しい。けれども、これは徹底的に守る必要がある。

そもそも、あなたが文章を書いて公表した場合、それを読む人の大半は第三者である他人だ。身内に向けた文章ならば別だが、ほとんどの場合は他人が読むはずで、他人が読むという前提を強く意識しなければならない。

他人から見た場合、内輪感のある文章は、書いている人が想像する以上に疎外されたように感じる。
端的な例を挙げると、身内だけで大流行した言葉を羅列されても意味がわからないし、専門的な知識を持った人にしかわからない専門用語をちりばめられたとしたら、これは自分に向けた文章ではないと判断されるはずだ。それが疎外だ。**疎外を感じたものに共感はしないし、共感がないなら伝えたいことも伝わらない。**

では、実例に沿って考えてみよう。

「黒沢君はかっこよかった」

このような文言が唐突に書かれたとしよう。これはほとんどの人に伝わらない。なぜなら、読む人にとって黒沢君は知らない人だからだ。けれども、僕自身は黒沢君のことをよく知っている。だから読む人のことなど知ったことかとみんな知っているという前提で黒沢君のことを書く、それが内輪感のある文章だ。
これが誰もが知っている有名人などを題材にした場合はそうではない。けれども、僕が唐突に取り上げた「黒沢君」を知っている人はいない。むしろ「ああ、黒沢ね」とこの段階で知られていたら恐怖すら感じる。

多くの人はこのように内輪に向けた文章を書いてしまいがちだ。では、この内輪感を除去するにはどうしたらいいだろうか。それは「前置き」を意識することだ。これによってそう苦労せずに排除することができる。十分すぎるほど前置きでの解説を置いて、**本来は内輪である存在を内輪でなくす**手法だ。

次のように記述する。

「黒沢君とは小学生時代にやってきた転校生だ」

こう前置きすることで、黒沢という人間が全く知らない誰かから「著者が小学生のときに転校してきた男」にアップデートされるわけだ。

ただし、これではまだ不十分だ。これでは黒沢という男のディテールがわかっただけなので読む人からしたら知らない誰かから知らない黒沢に変わっただけに過ぎない。

「夏の終わり。秋の訪れと共に転校生がやってきた。その転校生は黒沢と名乗った。黒板とは名ばかりで実際には緑色の板の前に佇《たたず》む黒沢なる男は、名前のとおり、正真正銘、本物の漆黒と言わんばかりの革製の黒色ランドセルを背負っていて、少し俯き加減にぶっきらぼうに自己紹介をした。それはなんだか、とてもかっこよく見えた」――

著者が小学生時代に転校生としてやってきた黒沢という男、それは名前と同じく黒いランドセルを背負ったかっこいい男だった。少なくとも著者はその佇まいに憧れめいたものを感じていた、とわかってもらえるのだ。

さらに、読む人を惹きつけるため、なぜそう感じたのかの説明を加える。

「僕の育った街にはランドセルが存在しなかった。おそらくではあるけれども、貧しい街だったことが起因していると思う。高価であり、とかく貧富の差が表れやすいランドセルではなく、皆が一様に学校指定の安っぽいナイロンのナップサックを使用することと決まっていた。だから、ランドセルなんてものはテレビの中で出てくる存在でしかなかった。異世界の物体だった。そんな事情もあって、その黒々しい革製のランドセルにどこか憧れを抱いていたのだと思う。都会めいた何かを感じていたのだろう。だから、黒沢君が持っていたランドセルは、とにかくかっこよく見えたのだ」

こう記述することで、黒沢の説明からナチュラルに自分自身が抱いていた感情を記述でき、著者と黒沢の関係性を理解しやすくなる。**それはもう知らない二人の話ではなく、知っている二人となる。**これが内輪感の除去だ。

知らない誰かだけを説明するのではなく、それをとりまく感情や印象も同時に記述することにより、単に登場人物のディテール紹介に収まらないことが内輪感の除去につながる。それによってそのあとに続く文章へと引き込んでいくのだ。それは読者を引き込むというよりも、書く本人を引き込んでいくイメージに近い。

例えば、最低最悪のデビュー日記「10／22 おつかい」これにも内輪を感じる要素がある。冒頭、上司からおつかいを頼まれて5千円を貰い受ける記述から始まるが、ここで**著者と上司の関係性に関する記述が一切ない**のである。ただ突然におつかいを頼まれるのである。もちろん、その背景を読む人に想像させる手法もあるのだけど、これはそこまで高度なわけではない。

文章の雰囲気から感じるに、この「おつかい」の著者は上司のことをあまり良く思っていない。少しバカにしている感じすらある。書いた本人だからわかる。そんな上司におつかいを頼まれた、この情報が共有されていると、その後の5千円を落とした不幸な出来事がより印象深くなるのである。だから、この文章は、最初に上司との関係性を述べて、あまり良く思っていない記述を入れることで内輪感が取り去られ、ぐっと中に入りこんでいけるのである。

もっと具体的な例を挙げてみよう。ドラゴンクエスト、いわゆるドラクエのことを扱った文章を書くとしよう。というか、書いたことがあった。

電ファミニコゲーマーという大手ゲームサイトに僕が書いた、「思いっきり感情移入しながら『ドラクエV』をプレイしたら絶対にビアンカを選ぶ」という記事だ。

ドラクエVでは物語の中盤に結婚相手を選ぶイベントがあり、これがビアンカ・フローラ論争としてしばし火種となる。

中学生のときに、フローラを選んだことで同級生から謂《いわ》れのない迫害を受けた僕が、大人になったいま、さまざまなことを振り返りながらビアンカを選ぶために感情移入しながら『ドラクエV』をプレイしていくというものだ。

この記事の冒頭、丁寧すぎるほどにドラクエおよびドラクエが起こした社会現象、さらには『ドラクエV』に関する説明が入る。

我々の世代からしたらドラクエと言えばよもや知らない人はいないレベルのゲームで

ある。ビアンカ・フローラ論争なんて説明しなくともわかってもらえる。けれども、ドラクエを知らない世代がその記述を読んだときに、そのドラクエ狂騒曲に関する知識がないと、いまいち文章に入り込めず、そこで疎外されたと感じる。若い人たちから見たら、おっさんがなんか懐古に浸っとるわ、で終わってしまう可能性があるのだ。

つまり、本題に入る前にドラクエに関する説明が必要なのである。ドラクエという大人気ゲームがあった。特に少年時代に発売されたドラゴンクエストⅢ、いわゆるドラクエⅢは、発売日には徹夜で並ぶ人たちで溢れ、不人気ソフトとの抱き合わせ販売や、ドラクエ狩りなど大きな社会問題を起こしたゲームでもあった。こう記述することで、ドラクエという社会現象が読む人に共有される。そこでドラクエを知っているおじさん世代、という内輪が外部に解放されるのである。

これは、ドラクエを知っている人からしたら何をいまさらな情報だし、読み飛ばされるんじゃないか、と考えるかもしれない。そうやって読み手の感情を想像して心配するのはとてもいいことだ。

ただし、ドラクエの情報を知っていてもういちどドラクエの情報を読まされるストレスと、ドラクエの情報を知らずにドラクエに関する文章を読むストレスを**天秤にかけ**

を仲間外れにしない

た場合、やはり知らずに読むほうがストレスが高い。だから詳細な説明が必要なのである。これが内輪感の除去だ。

この記事は大きなバズを引き起こしたし、その感想を見ると「懐かしい、俺もビアンカとフローラで苦悩してその先に進めなくなったな」「わたしも、こんな残酷な選択があるか、きっと別の選択肢があるはずだと街をさまよった」という懐かしむ意見から、「ドラクエはやったことない世代だけど、おもしろかった」と知らない世代にまで楽しんでもらえた。内輪感を除去し、あらゆる世代に照準を定めた結果だ。

書くときはバカになれ！

そして、ちょっと難しいかもしれないが、この記事で用いた説明然とした記述よりも、実際の経験に基づいた説明のほうが読む人は入り込みやすい。

小学生の頃だった。たぶん5年生の冬だったと思う。黒沢君がとんでもない言葉を口にしたのだ。

「ドラクエⅢを手に入れるため、この街を出ようと思う」

黒沢君は確かにそう言った。街を出るとは穏やかではない。その言葉からは、単にゲームショップの数が多い隣の市で手に入れるといった効率的な話ではなく、黒沢君の決意のようなものが感じ取れた。彼は本当に、家出の決意をしていた。この街を出るという決意を持っていた。

当時、好評を博したファミコンカセットであるドラゴンクエストⅠやⅡの続編としてドラゴンクエストⅢがとんでもないクオリティで発売されると話題になっていた。ファミコン雑誌などはその話題で持ちきりで、徹夜で並ぼうかという声もちらほらと聞こえてきた。メディアもこぞって取り上げていて子どもの視点からみても「狂騒曲」という表現が適切だった。

僕と黒沢君も当然、夢中になった。発売日に手に入れるには隣の市のゲームショップに徹夜で並ぶしかないんじゃないかと相談していたが、小学生が単独で隣の市まで行きそこで夜を明かすことなど難易度が高いどころの騒ぎではなかった。親の許可、補導、カセットを購入する資金、カツアゲ対策（当時は購入したドラクエⅢをカツアゲするアウトローがはびこっていた）。あまりに多くの障壁が立ちはだかっていたが、黒沢君はそれらをすべて解決する手段として「街を出る」という選択を口にしたのだ。家出をするのだから親の許可なんて必要ない。補導なんて怖がっている場合じゃない。それは子ども特有の浅はかな考えだったかもしれないけど、黒沢君はとにかく真剣だった。彼は大人びているんだか子どもっぽいんだか、よくわからないところがあり、それが魅力だった。

「僕も街を出るよ。一緒に行こう」

すぐに返事をした。

そして僕らは、学校指定のナップサックと、黒沢君の黒いランドセル、それにめいっぱいの荷物を詰め、街を出た。もう戻らないと心に決めて。

こういう具体的なエピソードを入れるとドラクエに関する当時の社会状況を共有しやすく、さらにその後の文章に入り込みやすくなるのだ。

専門知識がある人が文章を書く場合、知識があればあるほどこの内輪感が滲み出てくる。なんの説明もなく専門用語が出てきて、前提知識を必要とする表現だ。実はこれも内輪感のある要素だ。これらはもちろん、専門的に書く場合は問題ないが、広く読んでほしいと思うならば排除しなければならない。

「文章を書くときはバカになれ」

これはよく言われる言葉である。本当にバカになって書かれては困るのだけど、少なくとも、ある特定の分野に関して書くときは、何も知らないバカのふりをして書いたほうがいい、というやつだ。

広く読んでほしい文章を書く場合は、著者は**いちばん何も知らない立場**に立って書く必要がある。とかく聡明で物知りで有能に見せたいという欲をグッと我慢して、何も知らない立場から前置きを書く、それが内輪感の除去につながるのである。

どれだけ気を配るか。内輪感の除去は、伝えたい相手をどれだけ慮るか、その気づかいの表れである。

文章力とは「パターンの数」×「あてはめる力」

伝えたいことを意識し、内輪感を除去してどのような立ち位置で書くかわかったら、いよいよ書きはじめるのだけど、ここでも多くの人が書けないという絶望に相対する。この絶望は何度でも我々の前に立ちはだかるのだ。

「わたしには文章力がないからなあ」

最初に述べた「才能」「文才」といった要素に似ているけれども、より具体的になった「文章力がない」「文章が上手ではない」という要素がまた書く手を止めてしまう。

文章を書くときに文章力を気にする人はかなり多い。そういう相談もかなり受けるけれども、そこまで心配する必要はない。わたし文章が上手い！　と思って書いている人はいないからだ。下手だからなあ、これはみんなが陥る感情だ。なぜなら、文章が上手い、という状態はほとんど皆無と言っていいほど正確に理解されていないからだ。

「どうしたら文章が上手になりますか」

僕自身の文章が上手いのかどうかはさておき、本当にこう相談されることが多いのだけど、その際に必ず聞き返していることがある。

「そもそも上手い文章って

なんですか?」

実は、多くの人がこの辺の認識が漠然としている。上手い文章ってやつのビジョンが明白ではないのに、自分は上手くないと思い込み、上手くなりたいと願っている。それではおそらく上手くはならないだろう。

ある女優のようになりたいとメイクやファッション、髪形をまねればその女優に近づくかもしれないが、得体の知れないなにか、よくわからないけどなにかになりたいとメイクやファッションを研究しても、得体の知れないなにかにしかならないからだ。

読む人や使われる場面によって上手な文章の認識は変化していく。人によっては綺麗な表現が使われている文章を上手い文章と感じるかもしれないし、読みやすい文章を上手と感じるかもしれない。情景が浮かぶような繊細な文章をそう感じることもあれば、感情を震わすほどソウルフルな文章をそう感じる人もいるかもしれない。反論の余地を残さないほど理論的な文章をそう感じることだってある。結局のところ、考えれば考えるほど「上手い文章」の正体がつかめないものになっていく。

さあ、上手い文章とはいったいぜんたい何だろうか。もったいぶってもしょうがないので先に答えを書いてしまおう。

「上手い文章とは、そこに適切にあてはまる文章である」

ここに綺麗な表現が必要だと感じたのなら、そこにスポッとはまる綺麗な表現の文章が上手い文章である。ここでは読みやすさを重視しようというときは、読みやすい形式で入る文章が上手い文章である。その場所に入るべき適切な文章こそが上手い文章なのだ。たとえ文法的に間違っていようとも、ここに間違っている文章が入ることが正当という場面ではそれが上手い文章なのである。逆に言えば下手な文章とはそこに入るべきではない文章が連なった状態だ。

つまり、文章力がある状態とは、**多くのパターンの文章を書くことができ、そこにあてはまるべき文章を適切に選択できる状態**といえる。それができるようになれば晴れて文章が上手い人の仲間入りだ。では、どうやってそれを実現していくのか。

僕は文章力をしばし**筋肉**に例えることがある。筋肉は自然につくものではなく、筋トレなどの負荷をかけることでついていく、文章力もそれと同じで負荷をかけながら書くことでついていく。

よく、文章力をつけるために毎日ブログを書きます、みたいな人がいる。とてもいい心がけなのだけど、おそらくそれでは文章力はつかない。なぜなら、そういう人の大半は、続けることが目標になっていき、思いついた文章をポンポンと連ねていくことになる。それは負荷のかかる執筆ではなく、筋トレでいうところのティッシュを持ち上げて上下運動する行為に近い。これではほとんど筋肉にならない。やはり、鉄アレイなりダンベルなり、適切な負荷がかかる状況で繰り返しやってこそ、筋肉がつくのである。

書くことが目的化されていくからだ。そうなるとあまり考えずに、

では、文章における適切な負荷とはなにか。

それはそこに入る文章を100パターンくらい考え、適切なものを選択することだ。いきなり100パターンといわれると無理だとなるかもしれないので、最初は5パターンくらいでもいい。

例えば、以下のような文章について考えよう。転校してきたばかりの黒沢君に話しかけようと、帰り道を尾行するが、話しかけられず家まで到着してしまう場面だ。

黒沢君の家はツタが生い茂る不気味な洋館で、子どもたちの間では心霊スポットとして噂される有名な廃洋館だった。マッドサイエンティストが人体実験で多数の人を殺したという噂がまことしやかに囁かれており、肝試しで侵入した経験がある子どもの話によると、洋館内は郷ひろみのサインが大量に捨てられていたという。とにかく不気味なその場所が黒沢君の家だった。

ここの文章で伝えるべき内容は以下の項目だ。

・黒沢君の家は廃屋めいたものだった。
・それはツタが生い茂る洋館で不気味な佇まいだった。
・子どもたちの間ではマッドサイエンティストが人体実験をした洋館と噂され心霊スポットみたいになっていた。
・肝試しで侵入した子どもの話によると洋館内は郷ひろみのサインが大量に捨てられていたという噂がある場所だった。

これらの内容を踏まえつつ、さまざまなパターーンの文章を書くのだ。別バージョンとして、これにツッコミを入れておもしろさを出したバージョンも書いてみよう。

黒沢君の家はツタが生い茂る不気味な洋館で、心霊スポットとして有名な廃洋館だった。マッドサイエンティストが人体実験で多数の人を殺したという噂がまことしやかに囁かれていたけど、いま考えてみるとさすがにマッドサイエンティストはありえないだろう。そのマッドサイエンティストなにで生計をたてているんだ。洋館内は郷ひろみのサインが大量に捨てられていたという噂も流れていたけど、よく考えると怖いんだか怖くないいんだかよくわからない。なんだよ、郷ひろみのサインって。とにかく、そんな場所が黒沢君の自宅のようだった。

どこをクローズアップするのかを変えてパターンを増やしてみる。

辿り着いた先は、巷では有名な「郷ひろみの洋館」だった。ツタが生い茂る怪しげな雰囲気から、心霊スポットとして有名で、多くの子どもたちが肝試しに不法侵入していた洋館だ。中には郷ひろみのサインが大量に捨てられているという噂で、その狂気ともとれる事実がより一層、不気味さを演出していた。おそらく家賃が安かったのだろう。引っ越してきた黒沢君の一家はそんな「郷ひろみの洋館」を新居に選んだのだ。

心霊スポットという部分をクローズアップしてもいい。

黒沢君が辿り着いたのは心霊スポットだった。年代を感じさせる古めかしい洋館で、外壁を覆うツタが怪しさを際立たせていた。なんでも中には郷ひろみのサインが大量に散乱しているらしい。そんな場所にどうして黒沢君がと思ったけど、なんてことはない、彼が引っ越してきた新居がこの心霊スポットだったのだ。

不思議な転校生という部分をクローズアップしてもいい。

黒沢君が帰宅したのは、心霊スポットとして有名な洋館だった。どこか不思議な雰囲気がした。彼が持っていた黒のランドセルは僕にとって別の世界から来たもののように思えた。そして、不気味で誰も近づかない洋館を自宅としている彼のことが、よりいっそう不思議な存在に思えた。宇宙から来た存在が、なんらかの理由があって黒沢と名乗って小学校に通っている。そう思ったほどの違和感がそこにあった。まさに「謎の転校生、現る」というやつだ。

もう少し描写を増やしたパターンも書いてみる。

秋の匂いがした。舞い散る枯葉はどこか寂しげで季節の移ろいを感じるものだった。まるで侵食されたかのようにツタで覆われた洋館がそこにあった。どんよりとした曇り空を背景に佇む洋館は不気味そのもので、今にも心霊めいたなにかが飛び出してきそうな雰囲気があった。半分以上は朽ち果てていて赤茶色い錆の粉を吹いている鉄製の門を潜り抜け、まるで自宅に帰るかのように涼しい顔でその不気味な洋館に向かって歩いていく黒沢君。それは不思議な光景だった。けれどもすぐに不思議ではないと悟ることになる。ここここそが彼の自宅だったのだ。

砕《くだ》けた感じで、黒沢君に対する印象をクローズアップして書くこともできる。

黒沢君が帰宅した家は不気味な洋館だった。あまりこういうことはいいたくないのだけど、地元ではいわくつきの怪しい洋館として知られる場所で、そこに住むなんてことは考えられないような場所だった。だいたい、洋館内には大量の郷ひろみのサインが捨てられていると噂だったのだ。郷ひろみのサインに囲まれて暮らすってどんな気持ちなんだろうか。怪しすぎる。こりゃあ黒沢っていう人間もけっこう怪しいものがあるぞ、少なからずそういった不信感みたいなものが芽生えつつあった。

ふっきれた感じでハイテンションで書いてもいい。とにかく色々なパターンを書いてみるのだ。

どこに行くかと思いましたらアンタ！　いひー！　地元でも有名な心霊スポットですよ！　心霊スポット！　郷ひろみのサインがめちゃくちゃ捨ててあると噂される不気味な洋館で、とにかく雰囲気が暗いんですよ！　めっちゃ怖い！　うひー！　そんな場所に住むなんてどういうつもりなんでしょう。もしかしたら郷ひろみのサインを積み上げてベッドにして寝ているかもしれませんよ！　さすがにそれはないか！

このように同じ情報を記述するだけでも多くのパターンの文章を書ける。これを意識して書くのはもちろんのこと、他人の文章を読む場合でも、自分だったら同じ情報をこういうパターンで書く、と意識して読むこと、これが文章的な筋トレである。さらには、この中から前後の流れや主張したいことを考慮してそこに適切に当てはまるべき文章を選択する。そこまでやって負荷のかかった文章作成となるわけだ。

これは制限があるほど筋トレとしての効果が高い。例えば何文字までと文字数の制限がある場合や、書きたくもないのに業務として書かなければならない場合などだ。頭を悩ませて文字数を減らしたり、興味がないものをあらゆる角度から表現することは、成果物のクオリティとはべつに、筋トレとしての効果が高い。筋トレしながら、手首にもものすごい重いやつをつけるようなイメージだ。

最終的には100パターンくらい書けるようになるといい。視点を変えて、前面に押し出すものを変えて、口調を変えて、立ち位置を変えて、いろいろなパターンの文章を書く。時には人の文章を読んでそのパターンを自分のものとして取り入れてもいい。そのままコピーするのは良くないが、パターンの1つに入れることは問題がない。

これを続けていると、**まず自分が使える文章のパターンが増える。**そうなると、そこに当てはまる、より良い表現を選ぶ可能性も高まってくる。

もちろん、文章を書くときに常に100パターンのものを書いてそこから選んでいるわけではない。この訓練をしていると使えるパターンが増え、自然と選択ができるようになる。**それはスキルに近い。**瞬時に頭の中で当てはまる文章が浮かぶようになるわけだ。これが基礎的な文章力になる。

さらに付け加えると、文章術の本などで、よく「こういう表現をしましょう」「こういう構成で文章を書きましょう」「主語と述語の関係が」みたいに本当に文章技術を教えてくれることがある。文章術の本に文章技術が書いてある、なんて親切なんだと感嘆するばかりだ。ただ、これはよほどうまくやらない限り**ナンセンス**な行為である。筋トレに例えるとよくわかる。

「ここはこういう表現を使いましょう」みたいな教えは、100キロのバーベルを持ちあげるために「肘の使い方はこうで」「肩幅と同じくらい腕を広げて」と持ち上げるコツを教える行為に近い。けれども、どんなにコツを教えてもらおうが、そもそもの筋力がない限り100キロのバーベルは上がらない。肘の使い方とか以前の問題だ。

まず色々なパターンの文章を書けるようにして基礎的な文章力をつける。文章技術などはそこからだ。ただし、その文章技術で教えられるコツで、数あるパターンの文章を塗り替えてはいけない。

「文章のさいごは「です。」で終わらせましょう」

そんな文章技術はないけれども、わかりやすさのためにそんな技術が存在したとしよう。それを真に受けてしまい、数多くのパターンの文章のすべての文末を「です。」に修正してはいけない。

あくまでも**そうやって手に入れたコツは、数あるパターンの1つに留めるべきだ。**その中で、そのコツを使った文章が適切だと思ったらそこにあてはめるのである。あくまでも候補だ。それを忘れてはいけない。

ただただ文章技術の本を真に受けていてもたぶん上手にはならないだろう。もしそれで上手になっているのならば、いまこの本を手に取っているはずがない。

「書きたくて仕方がない」と思ったら、いちど頭を冷やそう

「書けないという絶望」についてさらに分解してみると、そこでは「自分ってもしかして文章を書くことがあまり好きじゃないのかも」という感情が芽生えていることがある。文章を生業《なりわい》にしている人を傍《はた》から見ていると、すごく文章を書くことが好きで、楽しそうに書いているように見えることがある。そんな人と自分を比較して、自分はあまり好きでもないし、楽しくもない、だから書く資格がない、みたいに絶望する人もいる。けれども、それはけっこう当たり前というか、普通のことなのでべつに絶望することではない。安心してほしい。

何を隠そう、**僕は文章を書くことが嫌いだ。** 22年もやっていて、いまでも多くの執筆依頼をいただいてものすごい量の文章を書くというのに、本当に大嫌いだ。この本を執筆しているときあまりのストレスに蕁麻疹がでた。

文章を書いて大々的に発表してコメントやSNSなどで批判を受ける。こんなものはまともな人間がすることではないとすら思っている。できれば書きたくないし、公表したくない。けれども、それしかないので書いているし、公表している。22年間、ずっとそうだった。

本当のところ、文章を書く人は深いところでは文章を書くことが嫌いなはずだ。むしろ好きになってはいけないのだ。なぜならば、**好きになることで書くことが目的化されてしまうからだ。**だから嫌いにならなければならないし、憎まなければならない。文章に故郷の村を焼かれたレベルで憎まなければならない。この項ではそういう気持ちについて解説していこう。

そう長くはないインターネットの歴史の中で、これまでに4回、一般の人がこぞって文章を書くブームが到来したことはすでに述べた。メルマガブーム、テキストサイトブーム、ブログブーム、noteブームである。僕はそれらのブームをすべて、時には内側で、時には間近で眺めていた。そこで気づいたことがある。

これらのブームが到来すると、必ず「文章を書くことが好きで好きで仕方ない」といったキャラ設定の人が登場してくる。絶対に登場してくる。それも希少な感じではなく結構な頻度でやってくる。これはすべてのブームで共通している。

そういう人々は、もう文章が書けるだけで幸せです、そして読者の皆さんに囲まれて幸せです、みたいなことを平然と言ってのける。別にそれは悪いことではなく、むしろ喜ばしいことなのだけど、僕にとっては驚愕《きょうがく》するしかない言葉だ。僕はこういう主張は完全に嘘八百だと思っている。いいや、嘘八千くらいはあると思っている。もうちょいあるな、**嘘八千五百はある。**

また、文章を書くことを好きになれ、ずっと続けて書いていくには、みたいな言説を言い出す人物まで出てくる。**断言する。無理に好きにならなくていいし、無理に続けなくていい。**

長い期間の定点観測から見るに、そうやって「好き」「好きになる」と主張していた人々の大部分は、それぞれのブームに陰りが見え始めると書かなくなっていった。あんなに好きで好きで仕方のない多幸な状態だったのにいとも簡単にやめてしまうのだ。嫌いでしょうがない僕がさまざまなブームを乗り越えて22年も書いているのに、好きで仕方なかった人は2年くらいでやめてしまう。2年もてば長いほうだ。おかしい。文章が書ければそれで幸せなんじゃなかったのか。ブームが終わっても書けばいいじゃない。

これには理由がある。そもそも「文章を書くのが好きで仕方ない」という状態は、そのほとんどが書くことが目的化されている状態だ。つまり、**そこに伝えたいことがないわけだ。**伝えたいことがないのに文章を書く言い訳として「好きで仕方がない」と好きであることを免罪符《めんざいふ》にしているケースは多い。

もちろん、好きで書いていてすごいものを作り上げる人もいるけど、それはやはりレアケースで、ほとんどはやはり免罪符として「好き」を使っていた。もちろんそれが悪いわけではないけれども、この状態は目的を見失いやすいので危険度が高い。

そういう人を見ると少しだけ心が締めつけられる思いがする。


好きだと言い訳をして目的を見失う、この事象に触れたとき、僕はいつも小学校時代の同級生、津村君のことを思い出す。

当時、同じ学年には非常に暴力的で野蛮な男、いわゆるガキ大将である谷岡という男がいた。このあたり一帯を暴力で支配していて、小学生とは思えない体格だったし、なによりその凶暴な性格が恐怖でしかなかった。谷岡のことをみんな怖れていたし、あまり関わらないようにして自衛している節があった。いま考えると、かなりの鼻つまみ者だったように思う。

津村君は、そんな谷岡の側近的な位置に収まっていた。身長も小さく、体も細く、非力だった津村君は自ら谷岡の腰ぎんちゃくになることで自分の身を守っている節があった。谷岡の下僕となることで標的になることを避けている、誰の目から見てもそれが明らかだった。

暴力の王、谷岡の暴虐を適切にサポートする津村君も周囲に嫌われつつあった。優しく、穏やかだった津村君の変化に少なからず心を痛めている人もいて、僕自身もその一人だった。彼はもともとアイドルが好きなだけの大人しい男だったのだ。

そんな折、一度だけ津村君に聞いてみたことがある。

「どうして谷岡なんかと仲良くしているの?」

君はそういう人じゃなかったじゃん、もうそういうのやめなよ、と遠回しに忠告した形だ。津村君は少しだけ困った顔をして答えた。

「俺、谷岡さんのこと好きだからさ。仲良くしてみるとけっこういいやつだよ」

津村君はそう言ったけど、それは完全に嘘だと思った。そりゃあ、谷岡だって完全なる悪ではない。いいところだってあるだろう。いいやつと思える側面だってあるかもしれない。けれどもそうじゃなかっただろう。君は明らかに自分を守るために谷岡の側近に収まっただろう。

僕は津村君の行動が、自分の身を守るための処世術だとしたら、その行動をある意味で評価する。たいしたもんだと思うし、立派な戦略だと思う。けれども、それはあまり褒められた行為ではないと心のどこかで思っているんだろう。だから「谷岡が好きだから」という免罪符を適用しはじめたのだ。

本来の処世術としての意味合いで側近に収まっているのならば津村君も大きく目的を見失わないだろう。自分の身を守りつつ適度に振る舞うことだってできる。けれども「好きだから」という免罪符によって、その目的は見失われることがある。

現に、津村君も目的を見失いつつあった。

「これが転校生の黒沢ですよ。黒いランドセルなんか背負って生意気なんです」

このとき、津村君は谷岡に差し出す新しい生贄《いけにえ》を探してくる役割を担っていた。そして転校生である黒沢君がその標的となったのだ。

谷岡のことが好きだから、そう誤魔化して目的を見失った津村君がとてもかわいそうな存在に思えた。


さて、少し話が脱線してしまったようだ。話を戻そう。とにかく文章を書くのが好き、と感じたら注意が必要だ。それは書くことが目的化している可能性があるからだ。そうなると本来の伝えたいことだとかやりたいことだとか、そういった目的を見失いやすい。

どうしたら伝わるんだ、どうしたら読んでもらえるんだ、と試行錯誤を繰り返して書く行為は息継ぎなしで潜っているようなものだ。楽になる瞬間なんてなくて、書けば書くほど息苦しくなる。ときに窒息する。蕁麻疹もでる。これだけ苦しいなら書かないほうがいい、そう何度も考える。それでも書くのだからそこには「好き」なんて甘っちょろい感情は存在しない。

書かなければならない、書かなければ狂うから書いている。僕自身は書くことでしか人と関われないので蕁麻疹を出しながらも書いているのだ。僕自身が街中で叫んでも誰も聞いてくれない。でも、書いて発表すると読んでくれる人がいる。何かを感じ取ってくれる人がいる。ただそれだけの理由で書いている。

文章を書くのが楽しい。という感情は悪くない。きっと楽しいのだと思う。尊重されるべきだ。でも、なぜ楽しいのか考えてみよう。**それは独りよがりになっていないか。**人は、独りよがりに振る舞っているときにこそ楽しいと感じる。誰かを気づかって行動を制限していると息苦しく、あまり楽しくない。でも、文章を書くとはそういう行為だ。好きになるはずがない。だから書き始める前に自分は書きたくないんだけど書くんだと再確認すべきである。書きたくて仕方ない、という気持ちがいちばん最初にあったら、すこし頭を冷やしてもいいかもしれない。

「キモい」「エモい」は**禁止**

書けないという絶望を少しでも解消するために、自分の感情というものを思い返してみよう。それがなにかの糸口になることがある。**なぜなら、文章によって表現しなくてはならない一番大切な情報は感情だからだ。**

それも書き手の感情だ。

なぜなら、それが唯一無二と言っていいほど独自性のある情報だからだ。それは読み手に提供される情報としては相当な独自性を持っているものなのだ。

「すごく好き」
「嫌い」
「嫌な感じがする」
「死ぬほど笑った」
「悲しい」
「苦しくなる」

文章に限らず、我々が誰かに伝える情報は、突き詰めていくと自分はどう感じるかに行き着く。どんな事象であっても、それを受けて自分がどう感じたか、我々はそれしか伝えていない。そのほかの部分はこれを効率よく伝えるための装飾に過ぎない。ある事象に対して著者はどう感じたか、突き詰めればそれだけしか伝えていないのだ。

そこで注意しなくてはならないのが、**自分の感情を見過ごさない**ことである。

これに関して、僕はある決まりを自分に課し、それを守っている。

断絶の言葉

僕は「キモい」「エモい」という2つの言葉を使わない。それをあえて使う意図がある場合を除いて文章でも日常生活でもほとんど使わない。この2つは断絶の言葉だからだ。

この「断絶の言葉」とは、そもそもそういう言葉はないし、あったとしても別の意味合いがあると思うけど、僕はそう定義して呼んでいる。

他にもいくつかあるけれども、「キモい」「エモい」この2つの言葉は断絶の度合いが傑出している。だから使わない。

では、この言葉たちはなにを断絶しているのだろうか。

これらは形容詞であるので「美味しい」「エロい」「痛い」といった言葉と同じなわけ

で、それらの形容詞を使って文章や言葉を構成していくことは当たり前だ。けれども、「キモい」「エモい」だけは使わない。

なぜなら、最近の文脈においては、この2つの言葉だけは「どうしてそうなのか」が語られることが少ないからだ。一般的に多くの場面で使われすぎてかなり強い力を持っており、それだけで済んでしまう手軽さと危うさがある。これはそういう使われ方をしている言葉だ。

とにかく「キモい」と言っておけば、いい感情を持っていないことが伝わるし、相手を拒絶できる。「エモい」と言っておけば、なんかいい風に感動しているんだなと伝わる。むしろ、明確に何がどうでキモいだとか、何がどうでエモいのか説明しないことで曖昧に感情を伝える意図すら感じる。そんな言葉だ。

では、なぜこれを「断絶の言葉」と呼ぶのか。いったい何と断絶するのか。

それは自分の感情だ。あまりにこれを使っていると自分の感情に気づけなくなってしまう。だから断絶と表現している。

「キモい」

何かに対してそう思ったとき、本来はなぜそう思うかが大切なのだ。気持ち悪いと思った理由、背景、それはもしかしたら他責《たせき》的な思考で、自分の心に内在するトラウマ的な何かが原因かもしれない。あまり良く思っていない感情にも多くの付随する感情があるはずだし、本来はこちらのほうが重要なのだ。**それはあなたが世界をどう見ているかに繋がる貴重な情報なのだ。**しかし、それだけでなんとなく済んでしまう「キモい」は、自分のその良くない感情を紐解く意志を奪っていく。

Books&Appsというサイトに寄稿した「Amazonで「鬼滅の刃」のコミックを買ってしまったのに、どうしても読み始める気になれない。」という記事がある。鬼滅の刃が爆発的な人気を博しているのに、なぜか自分は読み始める気になれない、という文章だ。

これは信じられないくらいの特大のバズを巻き起こした。本来の意味でのバズだったし、読んだ人の心をわしづかみにする意味でのバズ、両方のバズを起こした記事だった。いまだに初めて会う人にはこの記事が好きだと言われることが多い。

この記事は**自分の感情を丁寧に紐解く**ことで

成り立っている。

鬼滅の刃、こんなに流行っているのになぜ自分は読み始める気がしないんだろう。そこから自分の中の感情を丁寧に紐解いていくことが起点となっている。

これが「なんかしらんけど読み始める気にならんわ！　ガハハハハハ」で終わってしまうと生まれてこなかった文章だ。「キモい」で終わらせることに慣れると、この紐解いていく作業ができなくなる。

「エモい」についても同様で、なんだか感動的な場面に接したときに使われることが多いが、本来はなぜここで自分の感情が動くのか、なぜ心の琴線に触れるのか、その感情のほうが重要なのだけど、あまりにその言葉が強い意味を持ち始めた「エモい」はそれを奪う可能性を含んでいる。

文章を書き、人の心を震わすことがバズだと述べた。これから文章で人の感情を揺さぶろうとする人間、それが自分の感情に無自覚だったとしたらどうだろうか。自分の感情に気づけない人がどうやって人の感情を震わせるというのか。

ここで大切なのは、別に「キモい」や「エモい」を使って書かれた文章がダメだとか、その言葉を使っている人は良くないと言っているわけではない。

ただ、**自分の中で明確な線引きをして、こういう理由だから使わない、と決めることこそ自分の感情に向き合っていることになるのだ。**思想はそれがいつしか言葉になり、行動になり、習慣になっていく。そう自覚していくことが大切なのだ。

アメリカ・メジャーリーグの大谷翔平選手がNHKのインタビューにおいて「前回は下位のチーム相手に取りこぼしましたが」と質問された。すると、大谷選手は「取りこぼすという表現が適切かどうかわかりませんが」と、サラリと否定して話を続けた。

これは大谷選手が人格者であり、相手チームに敬意を払っていることがうかがい知れるエピソードだが、それだけではない。

おそらく彼は「取りこぼす」なんて言葉を使わないと決めているのだろう。

それを使うとそれが思考となり、行動になる。勝って当たり前という舐めた態度に出るかもしれない。それを理解しているのだ。自分の中で明確な線引きができているのだろう。

断絶の言葉を使わないことは少なくとも自分の中で自分の感情に丁寧に向き合う行為である。そのような生き方をしていくべきだし、可能ならば誰かの感情にも丁寧に思いを馳せるべきなのだ。

単語にまとわりついたイメージを自覚することが大事

SPOTという旅行サイトに寄稿した「青春18きっぷで日本縦断。丸5日間、14,150円で最南端の鹿児島から稚内まで行ってみた」という文章がある。JR最南端の駅から最北端の駅まで、普通列車だけで日本縦断する狂気としか思えない記事だ。この中に不可解な単語が出てくる。その部分を引用してみよう。

「ここから川内へと行く列車は1時間ほどの乗り換え時間があって8時29分発。まあ、これが正解だ、これで行こうと決意して掲示板を眺めていると、むちゃくちゃ鉄道に詳しそうな剛の者っぽい人に話しかけられた。」

ここで「剛《ごう》の者」という言葉がでてくる。実は僕の旅行系の記事は、この「剛の者」という表現が多用される。その「剛の者」がいちばん初めにでてきたのがこの記事だ。読んでもらえばわかると思うけど、これは鉄道に詳しい人を表している。「鉄オタ」「鉄道オタク」「乗り鉄」みたいな人を指す意味合いに思ってもらえればいい。

僕の文章において、この「鉄オタ」みたいな単語はほとんどといっていいほど出てこない。意図して使っていないというやつだ。これらを使わずにすべて「剛の者」で統一している。

ここで問題となるのが「剛の者」は普通に鉄道が好きな人を指す言葉ではないので独自の表現であり、**受け取り手を選ぶ言葉**だということだ。つまり、前述した「内輪感」が出てしまう文章なので本来は好ましくない。意味としても正しくないので出版社なら校正が入る場所だろう。実際に修正されたこともある。それでも僕は頑なに「剛の者」を使い続ける。

その理由はやはり自分の感情だ。この文章を書いているとき、やはり青春18きっぷシーズンで、JRに乗っているのだから、すぐにそういった剛の者に遭遇した。その様子を書いているときに「いかにも鉄オタといった感じの人が」と書いたと思う。そこでピタリと手が止まった。

嫌な感じがしたのだ。

「鉄オタといった感じの」この部分にものすごく嫌な感じがした。そこで自分の感情を紐解いてみた。なんで嫌な感じがするんだろうと丁寧に向き合ってみたわけだ。

世間では、いわゆる撮り鉄と言われる人があちこちで迷惑や騒動を起こしている時期でもあった。列車の撮影のために入ってはいけない場所に入り込んで列車を停めるなど、そういう事件が起こっていた。ネットを中心にそういった鉄オタたちへのヘイトが向かっていて、良いイメージを持っている人が少ない状況だった。

僕自身も鉄オタと言われればけっこう厄介な存在、という思考がなかったといえば嘘になる。**鉄オタが悪いのではなく、鉄オタという単語に悪いイメージがついている、**少なくとも僕の感情はそう判断したのだ。

しかし、僕の記事を読んでもらったらわかると思うけど、僕が旅先で出会う鉄オタっぽい人は、親切であり、熱心であり、気さくで、尊敬に値する人々ばかりだった。迷惑な人なんていなかった。だから、**そういう人を一緒くたに「鉄オタ」と表現することを僕の感情が拒否した。**

たかだか単語だが、それは僕の感情だ。それを無視して「鉄オタ」という表現を使い続けていると、それはいつか、そういう人たちを見下したり、バカにするような思想に、行動に、文章に変化していく、それが怖かったのだ。

そして、それは読んだ人も気分がいいものではないだろう。そういう思想はけっこう透けて見えるものだ。そんなものを読んでおもしろいと思ってくれる人もいないし、誰かの心を震わせることもない。だから僕は表現としてわかりにくく、適切でなくとも「剛の者」と表現する。そこには**リスペクト**の意味が込められている。

この記事は、実際に多くの人に支持され、拡散された。素人が鉄道ネタを扱うことを嫌いがちな剛の者たちの多くも賞賛し、拡散してくれた。

こうしたひとつの単語だけとっても、どういう感情を自分が抱いたのか、それはなぜなのか、紐解いていくべきである。見過ごさないことだ。それができるようになるには「キモい」だとか「エモい」だとか断絶の言葉なんか使っていられない。もっと丁寧に自分の感情に向き合う訓練をしなければならないのだ。

断絶の言葉というと思い出す話がある。思えば僕はそのときから「キモい」を意識して使わないようにしている。

僕の住んでいた街は秋が短い。夏が終わったと思ったらすぐに秋がやってきて走り去っていき、すぐに冬の気配みたいなものが漂ってくる。その時もそんな気配だった。夏の終わりにやってきた黒沢君も、この季節の移り変わりに驚いているはずだ。

その日もまた、学校からの帰り道、黒沢君の黒いランドセルを眺めながら彼の後ろを歩いていた。

おそらく、黒いランドセルが見たい、なんてことは言い訳でしかなく、本当は黒沢君と仲良くなりたかったんだと思う。僕はその感情にただ無自覚で、下校時の彼を尾行することしかできなかった。

話しかけるきっかけをつかめずにいると、少し前を動いていたランドセルが止まった。黒沢君が立ち止まったのだ。彼の目の前には2つの影があった。大きな影と小さな影が2つ並んでいた。

「これが転校生の黒沢ですよ。黒いランドセルなんか背負って生意気なんです」

それは悪名高き谷岡と、その腰ぎんちゃくである津村君だった。津村君が新しい標的として黒沢君に目をつけ、谷岡とともに待ち伏せした形だ。

僕は離れた場所から尾行していたので、谷岡たちと黒沢君がなにを話しているのかわからなかったけれども、なんらかの威圧を含む要求をされているだろうことはわかった。

どうしても足が動かなかった。黒沢君を助けなければならない、谷岡の魔の手から救わなければならない。そう理解はしていたけど、足が動かなかった。情けない話だけど、やはり谷岡は怖い。彼の暴力は度を越えていたし、陰湿な性格は完全に小学生ばなれしていた。

しばらくして、薄笑いを見せる谷岡と、満足げな津村君が脇道に向かって歩き出した。彼らの姿が見えなくなるのを待って、黒沢君を追いかけた。

「大丈夫だった?」

彼の黒いランドセルに追いつく。なぜかすんなりと話しかけることができた。

「どうしたの? あ、同じクラスの。ごめん、まだ名前を覚えてないや」

黒沢君が振り返る。僕は彼の黒いランドセルばかり見ていたけど、こんなにも鋭く、それでいて優しい眼差しをしていたんだと少しギョッとした。そして、とても大人びた口調だった。

「あいつらキモいよね。谷岡には注意したほうがいいよ」

僕の言葉に黒沢君は首を横に振った。

「キモい、って言葉はあまり使わないほうがいい」

当時、キモいという言葉が若者を中心に使われるようになった時代で、それを真似してクラスでも流行していた。みんなこぞってキモい、キモい、と連呼して盛り上がる風潮があったのだ。

「彼らがあまり良くない感じなのは雰囲気でわかったけど、それをキモいで片づけちゃダメだよね。彼らを批判したいなら、どういった部分が良くないのか伝えなきゃ意味がない」

黒沢君の言葉は僕に多大なる衝撃を与えるものだった。そんな風に考えたことがなかったからだ。黒沢君は、彼らのことをよく思わない感情を尊重しつつ、その理由を求めた。こんな大人びたやつがいるだろうか、とんでもないやつが転校してきた。そう驚愕するしかなかった。僕が抱いていた黒いランドセルへの憧れは、そのまま黒沢君への憧れへと変わったように感じた。

「彼らは誰かに目をつけて、無理な要求をしたりするんだ。それに従わないと暴力をふるったりする。最初にガツンと断らないとズルズルと彼らの言いなりになってしまう。だから僕は心配なんだ。本当にあいつらはたちが悪いんだ」

キモいと言った自分の言葉を自分で分解してみる。こんな内容を含んでいたのだ。どう考えてもこちらの方が忠告として適切だし伝わりやすい。目から鱗とはこのことだ。

「なるほどね。だからか」

黒沢君は大人びた感じで微笑んだ。

「やっぱりなにか要求されたんだね。それがやつらの手だよ。とてもできない要求を突き付けてくるんだ」

「いや、それがね」

今度は明瞭な笑顔を見せた。

「このあたりで有名な心霊スポットに行って、そこの壁に生えている植物を取って来い。この辺の子どもはみんなそうやって勇気を示さないと仲間に入れないって言われたんだ」

やはり要求されていた。

「そんな要求を！　言いなりになる必要ないよ！」

僕の怒りの熱弁とは裏腹に、黒沢君はやっぱり笑っていた。

「その心霊スポットの特徴と場所を聞くとさ、どう考えても僕の家なんだよね」

僕もそれを聞いて噴き出してしまった。

「確かに不気味で古いけどさあ、僕の家って心霊スポットなの？」

笑顔から一転、迷惑そうな表情を見せる黒沢君。反面、僕は笑いが止まらなくなってしまった。

「でもまあ、楽勝じゃん。自宅に生えてる植物を持って行くだけでしょ」

「まあそうだけどさ。自宅を心霊スポットっていわれるのって最悪だよ」

僕らは笑いあっていた。僕と黒沢君の距離が急速に縮まったのを感じ、話しかけてよかったと痛感したのだ。

「それはそうと、引っ越して来たとき、家に郷ひろみのサインが大量に捨ててあったりしなかった？」

僕が質問すると黒沢君はまた少し困った表情を見せた。

「それ、近所のおばさんとかみんなきいてくるんだけどさ、なんなの？」

「さあ?」

僕が笑うと、それに合わせて黒沢君も笑った。

またもや話が大幅に逸れてしまったが、断絶の言葉を使い続けることには危うさを孕《はら》んでいる。伝わらないのはもちろんのこと、自分の感情に無自覚になってしまう。そうなってはなにを書いてもダメになる。本来はそこに至るまでの感情のほうがずっと大切なのだ。そのことを表現において忘れてはいけない。

僕は文章の流麗さや巧みさで魅せるような物書きではない。きっと今この本を手に取っている君もそうだと思う。紡ぐ文字と文字列にそこまで価値はない。**見せているほとんどのものは自分の感情か行動である。**なぜそう思うか、だからこんな行動をした、こうして自分を見せている。どんな文章でも魅せるものはそれだけだ。だから自分に丁寧であり続けることが良い文章を生み出すことにつながる。そう信じている。

自分の感情に向き合うことは時に苦しい。自分への否定につながり、苦しくなることもある。それでもやらなければならない。それがきっと何かを伝えるために必要なことだからだ。

なにを書いていいのかわからない。書けないという絶望の中にはそんな苦悩も含まれる。そういうときは自分に向き合い、感情を紐解いてみるのもいいかもしれない。

「新しい知識」は、誰もがつくれる読む動機

さて、ずっと「書けないという絶望」の中にどういった要素が含まれるのかを述べてきた。自分の経験から考えると、その中には**「自分ごときが他人様に提供できるものがあるのか」**という心配みたいなものがあったように思う。

冷静になって考えてみよう。特に特異的な経験をしたわけでもなく、特に著名でもない、そして才能もない人間が書いた文章だ。そんなものを誰かが積極的に読むとは思えないわけだ。

前の項で、僕らが伝えられる情報は突き詰めると書いた人間の感情だけだと述べたけど、そもそも、特に特異的ではない人間が表現した感情を誰が読むのかという話だ。先回りして思考できる人ほどなにかを書くときに、そもそも自分が書くことに意味がない、なにも提供できない、となってしまう。それが「書けないという絶望」につながるわけだ。

けれども、読んだ人になにかを提供するという点においては、そこまで気負う必要はない。

では、そういった、なにも特異的でない文章について考えるため、**人は何を求め**

て文章を読むのだろうかという部分からスタートしてみよう。

世の中は残酷なもので、ルッキズムと言ってしまえばそれまでだが、何の特徴もない文章も若くてかわいい女性の写真と共に公表されていれば人は読む。気持ち悪いコメントとかも書く。世知辛《せちがら》いが世の中ってものはそういうものだ。

けれども、そんな要素もなく、ちょっと脂っこいそのへんのおっさんがその類の文章を書いたとしたら、それはもう読む動機が皆無と言ってもいい。僕だって読みたくない。

ここで重要な認識は、**何か読む動機がない限り、**

人はそれを読まないという点だ。

例えば、文章術の本だって、文章術を知りたい、という動機があるから手に取って読むわけだ。

では、その動機とはどんなものがあるだろうか。22年間、この世界で生きながらえてきた僕が感じた、誰かの文章を読みに行く動機を次に列挙しておく。

・**書いた本人に興味がある**（人物、外見、ステータス）

- 斬新《ざんしん》な切り口の意見がありそう
- 世間の流行に乗っている
- 興味がある分野のことが書かれていそう
- 新しい知識が得られそう
- とにかくおもしろそう
- 評判がいい（たくさん拡散されている）

細部まで考慮すればもうちょっとあるだろうけど、概《おおむ》ねこんなものだろう。

実はこれは、なにもインターネット上に発表される文章に限ったことではない。実際に知らない人同士を何人か集めて同じ時間を過ごさせたときに、この中からどういった人に興味を持つか、という側面でもおそらく同じ要素が上がってくる。

これらの要素は端的《たんてき》に言ってしまうとエゴだ。

人は自分の得になることにしか興味を持たない。読まない。

自分の興味や欲を

満たしてくれそうな他者に興味を持つし、同じようにそういう文章を読みに行く。

この中でも「書いた本人に興味がある」「評判がいい」「とにかくおもしろい」という点は、他者からの評価なので個人の努力でそこまで劇的な改善は見込めないだろう。そうあるべきだとは思うけど、積極的にそうあろうとすることは大きな迷走や徒労を生み出す原因となる。

「斬新な切り口」も、才能による部分が大きく、自然に斬新な発想ができるならば問題はないけど、意図してそれをやろうとすると単なる奇抜で過激な切り口にしかならず、意図しない反応を生み出すことにつながる。目立つために本意と異なる逆張りをし、大やけどというやつだ。そこまでいかなくとも、あまり良いイメージを持たれない可能性がある。

そうなると、いまこの本を読んでいる皆さん、もちろん僕も含む一般的な書き手が努力でどうにかできる部分は**「世間の流行」「興味のある分野」「新しい知識」**である。このへんが努力でなんとかなりそうだ。そう、僕は努力でどうにかなる部分しか話さない。

思いついたことを徒然なるままに書き記していったら、いいなあ、その感覚、と多くの人が支持してくれる、なんてことはファンタジーだ。そんな才能はない。これは努力ではどうにもならん。

努力によって達成可能なこれらを含んだ文章を書くべきで、その中でも特に**「新しい知識」**を強く意識したほうがいい。

文章を読んで新たな知識が得られると、人は読んでよかったと思うのである。

ただ、この「新しい」の部分をあまり意識しすぎると少し委縮《いしゅく》してしまうだろう。新しい知識となると、専門性があったり、相当に博識だったり、ハードルが高いように感じてしまう。その心配は真っ当だ。けれども、ここではそこまで深い知識は必要ない。

誰もが知らない新しい知識を生み出して提供するとなると、それはもう学者とかのレベルだし、そうやって書かれるものは学術論文レベルになってしまう。けれども思い返してみてほしい、人と人とのコミュニケーションでそのような仰々しい知識が必要だっただろうか。小学校のクラスでの会話。そこに劇的な新事実が情報として存在しただろうか。きっとそんなことはないはずだ。

「新しい知識」は、誰もがつ

「四丁目に新しい駄菓子屋ができるらしい」

「うっそ、まじで？」

「東京から帰ってきたおばさんが新しく始めるらしいよ。いま家を改装している」

「めちゃくちゃ楽しみだな」

「しかも、東京の問屋とつながりがあるからビックリマンチョコをたくさん入荷できそうって言ってた」

「うっそ、ビックリマンチョコ？」

「こりゃババアの店（もともと町内にあった駄菓子屋）、やばいじゃん」

「潰れるかもしれんな」


ありがちな雑談だ。ここでの会話では「駄菓子屋ができる」という新しい知識がもたらされているが、別にそれは世紀の大発見ではない。単に事情通の友人からの情報で、そこに新規性はない。でも、当時の子どもたちにとって駄菓子屋とは大切な社交場であったし、ビックリマンチョコは爆発的に流行していたシール付きのお菓子で、心躍る情報だった。

コミュニケーションに利用する新しい知識は、誰も知らない世紀の大発見である必要はない。イメージとしては、**知られている知識を知らない人に伝える橋渡し的なもの**で十分なのだ。普段の会話だってきっとそうだと思う。

これはインターネットの世界においてさらに顕著になったように思う。情報が洪水のように流れるインターネットの世界では、すべての知識を手に入れることは困難だ。その莫大な情報の一部分をそれぞれの人が見ている。そこで、誰かの知識を盗んでくるわけではないが、それを知らない誰かに橋渡しする。それだけで新しい知識を提供できるわけだ。

では、その情報をどうやって持ってくるか。ここが重要なのだけど、駄菓子屋の例では、クラスに必ずいた情報屋みたいな事情通が情報ソースとなっている。こういった存在はとても重宝するが、そんな都合のいい存在がいつでもいるわけではない。

けれども、SNSを情報ソースにすることでこれは解決できる。

僕は2024年1月現在でX（Twitter）のフォロワーが35000人いる。それに対して、僕がフォローしている数は12000程度、フォロワー数はともかく、フォロー数は普通に利用する人から見たらかなり多い。そして、僕のこの12000のフォローは単にフォローしているというだけでなく、そのポスト（ツイート）のすべてを見ている。

もともと、フォローされたらこちらもフォローを返していた。さすがに12000を超えると追えなくなるのでやめてしまったけど、フォローしてくれた人をすべて監視していたのだ。フォローありがとうね、こっちもしておくねという儀礼的なものではなく監視だ。

単純に僕に興味を持ってフォローしてくれた人がもたらす情報に興味があったのだ。この、僕に興味を持ってくれた12000人が提供してくれるツイート群は、やはり僕にとってても少なからず興味があるものが多い。

SPOTという旅行サイトに寄稿した「【徒歩で100km】廃線になる三江線の全駅を死にそうになりながら記録してきた」という記事がある。死ぬほどバズった記事だ。これは、島根県と広島県にまたがる形で存在した廃線間近のJR三江線《さんこうせん》、それを廃線になる前に記録していこうと旅に出た記録だ。実際に行ってみると廃線間近なだけあって列車の本数が少なく、こりゃ乗車しながら全線の記録は無理だぞと、徒歩で巡りはじめ、結果として100kmほど歩くこととなったコミカルな記事だ。さらに恐ろしいことに、廃線後に同じ路線をまた歩いて記事にしていたりする。廃線になってるので歩く距離も125kmに増えた。

不勉強で恥ずかしい限りなのだけど、この三江線という廃線間近の路線を僕は知らなかった。ただ、僕のフォロワーがこの三江線のニュースを取り上げ「三江線か、むかし18きっぷで乗りに行ったなあ。廃線になるのか」と呟いていたことから路線の存在と廃線の情報を知り、これ、ぜんぶ記録したらおもしろそう、と企画が動き出している。

この記事の効果はなかなかのもので、これを読んで実際に三江線を訪れた人が多数生まれ、駅に置かれた駅ノートにこの記事を読んで来ましたと書かれまくった。

僕はこうやってXのフォロワーから情報を仕入れることが多い。別に博識なわけではないのだ。

さて、ここからがこの項で言いたかったことの本筋である。友人同士の雑談なら、四丁目に駄菓子屋ができる、程度の新知識でいいのだけど、グローバルに公表する文章でそれをやると、前項で出てきた「内輪感」につながってしまうのだ。新情報といってもあまりにローカルすぎ、ほとんどの人に関係ないからだ。

けれども、新情報は「四丁目に駄菓子屋ができる」程度のものでいい。**そこにもう一段、深掘りしたものを入れてあげるのがコツだ。**実際にやってみよう。

四丁目にできた新しい駄菓子屋は瞬く間に大人気となった。どういうルートだったか知る由《よし》はないけれども、本当に大量のビックリマンチョコが入荷され、それを求めて大勢の子どもたちが詰めかけた。オープニングイベントとしては大成功だったのだろう。

押し寄せた子どもたちは行列を作り、まるで身長を競って並ぶ「たけくらべ」のように整然としていた。ただ、子どもたちにとってこの駄菓子屋は、ビックリマンがある以上の深い意味合いがあった。

それはこの駄菓子屋が開かれた位置が関係していた。四丁目とは隣の校区と隣接した地域で、その端っこに開店した駄菓子屋は、道路を挟んだその先が隣の小学校の校区となっていた。

そして、僕らが通っていた小学校は伝統的に隣の小学校と仲が悪かった。犬猿の仲というやつだ。隣の小学校の連中はこちらの校区にある駄菓子屋に入れないし、こちらは連中が入ってこないように見張る必要があった。この駄菓子屋はそんな見張り場所みたいな意味合いがあったのだ。

そもそも、駄菓子屋の起源は、江戸時代の見張り場所に由来する。

江戸の町の入口を見張る番太郎《ばんたろう》という業務があった。番太郎小屋に住む彼らは見張りだけでは生計が立てられず、小屋で安い菓子を売り始めたのが起源と言われている。こうして江戸時代から時と場所を経て、見張り場所としての役割を取り戻した四丁目の駄菓子屋。そこで熱心に隣の小学校を見張っていたのが、谷岡たち一派だった。

ここで駄菓子屋はそもそも見張り場所として存在し、それが起源になっている、という新知識を読む人に提供できる。よほどのクイズ王でない限り新しい知識が手に入ったと感じ、読む人の知的欲求を満足させられるのである。この新知識は、検索すればすぐに出てくるのでべつに博識である必要はない。

もちろん、この新しい知識が文章のメインになってはいけない。なにせそれは世紀の大発見ではなく、検索すればすぐ出てくる雑学なのだ。**あくまでも伝えたいことがあって、それを補強するために新しい知識を含んだものにするべきである。**

世の中とは、人とは、この世界はどんな要素でできているのか。

それが仕入れてきた情報とどうリンクするのか。

そこから出発すると、自分の書くものが読む人になにかを提供できるとは思えない、という苦悩や絶望を少しでも和らげることができるのだ。

感情をフック
に話を展開させていく

この章では、文章を書く際に襲い掛かってくる「書けないという絶望」と上手に付き合っていく方法について述べた。

まず文章を書くのに才能は必要ないということを確認した。それ以外に必要なものとして「伝えたい主張を意識する」「内輪感が出ないように意識する」「新しい知識を提供する」「書くことを嫌いになる（目的化しない）」「感情に向き合う」という方法論だ。そしてもっとも多い「文章力がない」と感じる問題も、どのように向き合いどのように解決するのかについて述べた。

ではもう一度、最低最悪のデビュー日記「10／22 おつかい」を読んでみよう。これはここで述べた内容からかけ離れた文章でその酷さを理解してもらえたと思う。だから酷いと連呼したのだ。あの文章にはここで指摘したものがなにひとつ入っていない。だから最低なのだ。

やはり、これを書いた当時は「書けないという絶望」の中で、それでもテキストサイトを始めるからとやっつけで書いたと思う。だからこうなった。

では、実際にここで述べた項目を踏まえて「10／22 おつかい」を書いてみたらどうなるだろうか。ここまで偉そうに解説したのだから、僕はこの「おつかい」をその解説の通りに書き直す義務がある。書きたくないけど、書くしかないので書く、そこを理解してほしい。

22年の時を経て、あのデビュー日記を書き直すとどうなるだろうか。

本来はネット用に横書きの文章だが、ここでは縦書きで再執筆してみよう。

10月22日　おつかい

上司のことがあまり好きじゃない。おそらくではあるけれども、上司も同じ気持ちのようで、僕のことがあまり好きじゃないと感じる。

「上司が嫌い」なんて現象はそこまで珍しいことではなく、世間にはありふれていることだ。ただ、どうして上司のことが嫌いなんだろうと深く考えてみたことがあるだろうか。どうして嫌いなのだろうか、何が嫌なのだろうか。漠然と嫌うだけでなく、その理由を考えると本質が見えてくることがある。

僕自身、彼のことが嫌いな理由を考えて行き着いたのは、遠く古い友人の言葉だった。妙に大人びた友人の大人びたセリフだ。

「幸せや不幸なんて他人と比べるものじゃないよね」

彼は少年ながらそう言ってのけた。この言葉は僕自身が年齢を重ねれば重ねるほど意味深いものになっていった。

上司のことを嫌いになった決定的な理由は、職場の忘年会だった。嫌いという感情を紐解いていくと、どうやらそこが起点になっているようだ。

うちの職場は若手が持ち回りで忘年会の幹事をすることになっており、店選びや料理選びなどを受け持つことになっていた。その年の忘年会は佐藤君という若手がやったのだけど、佐藤君が選んだ店や料理を上司は絶賛した。

「去年の会場よりセンスがいい。去年の忘年会より料理が豪華」

上司はそう言って佐藤君を褒め称えた。

上司にはそういう部分があって、何かを褒めるとき別の何かを貶《おとし》める傾向があった。僕はそれが気に入らなくて、彼のことが嫌いなのだ。

上司は決して悪気があるわけではない。ただ、褒め方を知らず、他のなにかと比較してそれより上、と褒めることがいいことだと考えているのだ。

しかしながら、その褒め方は比較する何かへの敬意を欠く行為だ。去年の店より上と褒めることで佐藤君や今年の店の人は喜ぶかもしれないが、昨年の店を選んだ幹事、まあそれは僕なのだけど、その幹事は決していい気がしないし、昨年の店の人が知ったら気分を害するだろう。

そうやって自分の発言が生み出す負の部分に目を向けることができず、それがいいことだと信じて疑わない上司のことが人としてあまり好きではなかった。薄っぺらいとすら思っていた。

そんな折、とある事件が起こった。

あまり好きではないその上司からおつかいを頼まれたのだ。速達の書類を送る重要な仕事で、急いでクロネコヤマトの営業所まで行って発送してきてほしい、というものだった。何度も「遅れたら大変なことになる重要な仕事だ」と念を押されたので、あまり僕のことを信頼していないのだろう。こういうところもあまり好きじゃない部分だった。そんなに重大なおつかいならば気に入っている部下や信頼している部下に頼めばいいだけだ。っていうか自分で行けばいいのだ。

けれども、彼の中ではどんなに重要であっても「おつかい」は「おつかい」であり、雑用なのだった。そんなものは気に入らないやつに行かせておけという思想だ。

どうして僕だけこんな雑用を頼まれるのか。正直、いい気はしなかった。

上司は送料として5000円を出してきた。送料なんて1000円もかからないだろうに、5000円札しかないという理由で出してきたのだ。坊主憎けりゃなんとやら、もう5000円札しか持ってない間の悪さすら苛立つ原因になっていた。

ブツブツと文句を言いながら車を運転してクロネコヤマトへと向かう。

幹線道路は混みあっていて、もう一つの幹線道路との交差点に差し掛かった。信号待ちの長いことで有名な交差点で、そこには車が列をなしていた。ここを通過するにはあと数ターンはかかりそうな感じだった。

「もしかしたら間に合わないかもしれない」

少し不安になった。速達で出す時間のリミットに間に合わない可能性がでてきた。そうなると、上司に謝罪しなくてはならない。他の誰に謝罪してもなんとも思わないけど、上司にだけはやりたくない。

そんな僕にさらなる悲劇が襲った。

「お腹が痛い」

腹痛は大きく分けて2つの種類が存在する。幸せな結末が予想されるものと、そうではないものだ。この腹痛は絶対的に後者だった。

「このままでは絶対に漏らしてしまう」

もう背に腹は代えられない。むしろ、このギュルギュルな腹を背に変えてほしい、それくらいの気持ちで信号待ちの車列を放棄し、脇にあったマクドナルドに駆け込んだ。

これは大きな賭けだった。マクドナルドのトイレはかなりの高確率で男女兼用であり、おまけに1つしかないので、この時点で賭けでしかなかった。駆け込んで超満員ソールドアウトとなっていたらそれだけですべてが終わるからだ。

店内は混みあっている。これはかなり危険だ。下手したらトイレは空いていないかもしれない。しかし、幸運なことに、トイレはしっかりと空いていた。

「なんたるラッキー!」

凄まじい勢いで駆け込み、事なきを得た。

「ふー、危なかったぜ」

トイレを出て、額を伝う汗を拭いながら歩く。そこで違和感に気づいた。

ポケットに入れていたはずの5000円札がないのだ。上司から預かった5000円札、確かにここのポケットに入れておいたはずなのに、ないのだ。ポケットは空っぽだった。

焦って他のポケットやら周囲やら探すけど見つからない。車に置いてきたかもと戻って探すも見当たらない。トイレに駆け込む際に落としたのかもと、店内に戻り、自分が辿った動線を探すも、やはり見当たらなかった。

そこである異変に気がついた。少し離れた場所で若者がワイワイと騒いでいたのだ。見るからに喧嘩が強そうで、多くのことを暴力で解決しそうな若者たちだ。ラップと暴力、ドラッグで生きているような若人たちだ。

「うおーすげえー!」

「ラッキー!」

そんな若者たちが盛り上がっている。その中心にいるひときわ暴力そうな若者が、民衆を導く自由の女神ドラクロワみたいに何かの紙片を高々と掲げていた。それは何かの紙幣だった。5000円札にも見えた。

「もしかしてあれは僕が落とした5000円ではないか？」

なんとなくそんな感じがした。これだけ探しても見当たらないのだから5000円を落としたことは確定的だろう。そして、あの熱狂から見るに、その5000円をあのアウトローが拾った可能性が高い。でも、それ僕の5000円じゃないですかと主張する勇気はない。

落胆が大きかった。5000円、なかなかの大金だ。それを落としてしまったという事実もさることながら、それがあのようなアウトローに渡ってしまった。それはなんだかとても悔しいものだった。

「5000円ぶん、ぜんぶビッグマックいっちゃうか」

みたいな声が聞こえてきたので、まあ、ろくな使われ方はしないだろう。なんだよ、ぜんぶビッグマックって、そんな使い方するなよ。

それはなんだか、胸の奥をギュッと締め付けるものだった。本当に悔しい。不幸だ。ただ、同時に妙な違和感が心の中に湧き上がるのを感じた。

「幸せや不幸なんて他人と比べるものじゃないよね」

遠い日の友人の言葉が頭の中にリフレインした。僕らは、幸せや不幸に関して、あまりに相対的に考えすぎ、いつも誰かとその大きさを競っている。

この不幸だって、本来は「5000円を落とした」という不幸があるだけだ。そこで「その5000円をアウトローが拾った」「ぜんぶビッグマックに使われた」は僕自身の不幸に関係はない。アウトローが拾おうが、ビッグマックになろうが、自分が「5000円を失った」という事実は変わらないからだ。

僕らは不幸に関しても幸せに関しても、あまりにそれを他者と比べたがる。他の誰と比べて幸福であるか、他の誰と比べて不幸であるか、なんで自分ばかり、自分は不遇なのにあいつは得している。そんな考えは世間にありふれている。それは極めて一般的な考え方だろう。ただ、それが僕らを苦しめているのだ。

他者と比べて幸せであることは本当に幸せであろうか。他者より不幸であることは本当に不幸だろうか。それはきっと満たされることのない思いなのだろう。なぜなら、自分より幸せな人は山ほど存在していて、それと比べている限り、相対的な幸せは決して満たされることはないからだ。逆に、自分より不幸な人の存在は見えず、相対的な不幸は常に自分を谷底に置く。だからその感情は決して消えることがなく卑屈になる。

「比べるものじゃないよね」

だから彼はそう言ったのだ。誰とも比べない、自分だけが感じる絶対的な幸福、もしくは不幸。彼はそれを言いたかったのだろう。彼はずっとそれを目指していた。僕はふと、彼のことを思い出していた。

なんとか時間には間に合い、クロネコヤマトに到着して書類を発送することができた。料金は自分で立て替え、おまけにそこで生じるであろうお釣りも立て替えて上司に返還することとなった。

「おう、ご苦労、遅かったな、間に合わなかったと思ったよ」

そう言ってのける上司の顔はやはり苛立ちを感じさせるものだった。けれども、ふと思ったのだ。果たしてそれは正常な感情なのだろうか。

上司が他のなにかと比べてしか褒めることができない部分が嫌いだった。絶対的に褒めるのではなく、他の何かを貶めて相対的に褒める部分が嫌いだった。けれども、多くの人は、いいや自分は、幸せや不幸を感じるときにそれをやっていた。雑用を押し付ける上司の振る舞いに対しても「なんで自分だけ」と他者と比較して卑屈になっていた。なんてことはない。自分だって他者との比較の感情しか持ち得ていないのだ。上司の嫌いな部分はしっかりと自分の中にあったのだ。

これは、心理学でいうところの「投影」という防衛機制にあたるらしい。防御機制とは受け入れがたい状況等に対峙した時に自分の心を守ろうと無意識的に働く心理的なメカニズムだ。

数ある防衛機制の中の「投影」は、自分が持っている嫌な部分を認めたくないためにそれを影として他者に押しつけて嫌う行為だ。自分の中の嫌な部分を持っている人に気づいたとき、激しく嫌ってしまう行為だ。なんてことはない、上司のことが嫌いなんじゃない。自分の中の嫌いな部分が上司にあっただけなのだ。

「はい、すいません。ちょっと手間取っちゃって。でも時間には間に合いましたんで」

これまで見せたことのない笑顔でハキハキと上司の問いかけに答える。

少しだけ、上司のことを好きになってみよう。もしかしたら、それが遠き友人、黒沢の言った「比べることに意味はない」というもの、あんなに苦しくて悲しいのに笑顔でそう言ってのけた彼に少しでも近づくことなのかもしれない。もう誰かとの比較で感情を動かすのはやめだ。

そう、相対的ではなく、絶対的に感じる感情を大切にしていくのだ。

「いやーやっぱ、佐藤に頼めばよかったかな。佐藤に頼んだときはもっと速かったもんな！」

おいおい、褒めるときだけじゃなくて貶めるときも他の何かと比較するのか。やはりこの上司のことは嫌いだ。絶対的に嫌いだ。

おわり

このように、幸せや不幸をつい他人と比べてしまうことを足掛かりに、相対的な感情と絶対的な感情を対比させて話を展開させていく。もちろん、ここがいちばん伝えたいことだ。さらには、「なぜ嫌いなんだろう」という感情を丁寧に紐解いていき、そこでも上司が何かを褒めるときの「相対性と絶対性」の対比が入ってくる。上司との関係性も丁寧に記述することで、この一連の流れにもストーリーが生まれている。読者に提供できる新しい知識として心理学の防衛機制「投影」が入れ込んである。

この文章がおもしろいかどうかは別として、このエッセンスを入れ込むことで「おっかい」がただの日記から、**誰かに読ませる文章**に変わるのだ。

文章をどうこうする前に、まずは自分の気持ちに素直になる

書けないという絶望と上手に付き合っていくため、いくらかのエッセンスを解説した。これらを意識すれば、少なくとも何を書いていいのかわからない、という状態から少しは前進するはずだ。

すでにお気づきの人もいるかもしれないが、これは文章を書くときの心構えを解説しているが、本質的には「人と接するときにどうしたらよいのか」ということが書かれている。

よく勘違いされがちだけれども、文章が巧みな人のキャラ設定として、本人は陰気でコミュニケーションに難があり、大人しくて物静かだけど、いざ文章を書かせると恐ろしくダイナミックで感情を揺さぶる文章を書く大先生、というものがある。たぶんある。創作の世界の登場キャラとしてありがちなこの設定だが、まあ、こういう大先生は実際には存在しない。もしかしたら僕が知らないだけで存在するのかもしれないけど、おそらくそれはとても才能がある人なのだろう。

僕の知っている書き手の多くはそうではない。**文章はその人の本質を映し出す性質が強い。**投影だ。

繊細な人は繊細な文章を書くし、豪快でダイナミックな文章を書く人は豪快でダイナミックな部分がその人の内面にある。もちろん、ストレートにわかりやすいことは稀《まれ》だけど、自分の中にあるエッセンスが文章に投影されているわけだ。よほどの才能がない限り、人は自分の中に存在する要素しか表現できない。みんな、自分の中に内包している自分を文章に投影している。

これは実生活でもよく言われることなのだけど、「実際に会って話したほうがいい。メールみたいに文章だとどうしても冷淡な感じに伝わっちゃう」というものだ。確かにそのとおりなのだけど、文章で冷淡に伝わってしまうのは、やはり当人の内面に冷淡な要素があるからだ。実際に会ってるときは笑顔などでそれを隠せるけど、文章だと隠せないというだけだ。

これから文章で人の心をつかもうとしているわけだ。ということは、そのつかもうとしているアナタは人の心をつかむ素養を持つ必要がある。対面で出会った人の心をつかむこともできないのに、どうして文章でそれができると思うのか。

ではどうやったら人の心をつかめるのだろうか。

伝えたい気持ちを大切にすればいい。

伝えたいことを伝えることは相手

を思いやることだ。

伝える情報から前提知識を必要とする内輪感を取り去ることも相手を思いやることだ。

そして自分の感情に素直になればいい。なぜそう思うかを大切にして生きればいい。それは自分の感情と同時に他者を尊重することにもつながる。

その人と対峙することを目的化しなければいい。

相手に新しい情報を提供するため、多くのことに興味を持って行動すればいい。

結局、いかにして相手と自分を尊重できるか。

丁寧に扱えるか。誠実になれるかだ。

まずはそこからで、いきなり文章をどうこうしようとするから無理が生じる。人は自分のことしか書けないのだから、まずは自分をどうにかする。そこから出発すると「書けないという絶望」が自分の中で少し和らいでいくはずだ。

第2章

届かないという絶望

読まれるために、どう書くか

書けないという絶望がなんとか片づき、それなりに自信の持てる文章が書けたとしよう。もしそれを、ブログなりなんなりに公表して多くの人に読んでもらいたいと思ったとき、新しい絶望が書き手の身を焦がすことになる。

それが**「届かないという絶望」**だ。

届かないとは、すなわち、せっかく書いた文章を読んでもらえないという状況だ。これは本当に言いづらいことなのだけど、文章とは基本的に読んでもらえないものだ。そして公平なものではない状況がある。不公平の塊《かたまり》くらいに思っておいたほうがいい。

自らが書いた渾身の文章、良いものができたと自信がある文章だ。それこそブログでもいいし記事でもいい、メールでもいいし企画書でもいいし、なにかをお願いする手紙でもいい。なにかしらの力を込めて書いたものを大々的に発表したり、目的の人物に送付したとしよう。その成果物はどう評価されるだろうか。

ここで、良いものができたのだから必ず評価されるはずだと考えていると不幸にしかならない。それはあまりにピュアすぎる思想だ。

良いものは必ず評価されるわけではないし、悪いものも評価されない、基本的にどんなものも評価されない。それくらいの不平等な世界が存在する。それはあまり喜ばしいことではないけれども、事実なのだから仕方がない。

良いものとはなんだという議論はさておき、発表した文章は基本的に読んでもらえないだろう。まず、読み始めてもらえないし、よしんば読まれたとしても最後まで読んでもらえない。

さまざまな文章に同じようなことが起こっているけど、ここではインターネットに発表される文章に限って考えよう。

インターネット空間には驚くほど莫大な数の文章が発表されており、それらの中から良いものを抽出するシステムが確立されていない。見つけてもらえないのだ。だから大部分の文章は日の目を見ずにインターネットの海へと消えていく。

ごく稀に「これっておもしろいよ」とSNSなどで発掘されて大バスを引き起こす文章が出てくる。確かに良いものでなければ発掘されないし、バズも引き起こされない。けれどもそれらはそれに加えて運が良かっただけにすぎないのだ。だから発掘されないものが良くないものではないし、バズらないからといってそれが良いものではないなんてことはない。

ただ、せっかく発表してもそれが読んでもらえないってのは辛く苦しいものだ。一生懸命に書いたものであればあるほど読まれないときの落胆が大きい。

意気揚々とはじめたブログなどが、1か月くらいで更新されなくなって書かれなくなるのはだいたいこれが原因で、人は読まれないものを書き続けることを不毛と感じ、その不毛に耐えられないのだ。これが「届かないという絶望」だ。


「10/22 おつかい」という文章をひっさげて意気揚々とインターネットにデビューした僕も、これが1人にしか読まれず、届かないという絶望を味わっている。では、どうやってそれを解決したのだろうか。

前章の「書けないという絶望」に関しては、ほとんどが書く前の気の持ちようだったので精神論的なエッセンスが多かったように思う。ただ、この「届かないという絶望」に関しては、どちらかといえば**技術的な部分**が大きなウェイトを占める。

ここでは僕たちが書いた文章はなぜ多くの人に届かないのか、届かせるにはどうしたらいいのだろうか、そんな具体的な技術について解説する。

端的に言ってしまうと、届かせるために読みやすい文章を書きましょうということだ。

これは、本来はあらゆる文章にいえることだけど、インターネットの文章はそれがかなり顕著になっている。まずはその部分からはじめてみよう。

「離脱」は小さなストレスの蓄積で引き起こされる

インターネットに文章を発表する場合、読み手がストレスを感じない文章を心がける必要がある。これは紙媒体の文章よりもさらに深く注意を払う必要がある。それが「届かないという絶望」を少しだけ和らげる手助けをする。

これはもう恥ずかしさのあまり消してしまったのだけど、自分のサイトにある文章を書いたときにちょっと玄人《くろうと》っぽく見せたいという気持ちになってしまい、文章の導入部分に延々とポエムめいたものを書いたことがあった。ちょっと意味深なポエムから入れば玄人が唸《うな》るだろうという勘違いがあったのだ。

本当に当時の僕はなにを考えていたのか理解できないのだけど、そのポエムは極度に意味不明だった。

「マチルダはポンプラタスと空を跳ねた」
「マチルダはミゾークの海に消えた」
「マチルダはロハイリンの言葉を握りしめて眠った」
「マチルダは恋を知らなかったけど愛を知りたかった」

こんな意味不明なポエムが延々と続く文章だった。40行くらい書いたと思う。当然、マチルダに意味はないし、ポンプラタス、ミゾーク、ロハイリン、という言葉にもなんの意味もない。こんなものが40行だ。なにこれ、当時の僕は狂っていたの。ロハイリンてってなんだよ。こんなもの玄人も裸足で逃げ出す。

これは「意味不明なポエム」から入って、それが後に続く主題部分のフックとなっていく文章ではあったので、狂っていたわけではないのだけど、あまりに導入部分が意味不明だったのだろう、ほとんど読まれることがなかった。反応から見るに、アクセスはされていたけどそのほとんどが冒頭のロハイリンで読むのをやめて逃げ出していた。

実はこれは、紙媒体とＷＥＢ媒体に書かれる文章において意識しなければならないことを示している。

それは読みやすさだ。

意味不明なロハイリン（なんだよロハイリンって）、それらが延々と続く、意味不明な単語の羅列を人は読みにくいと感じるのだ。

人は読みにくい文章を嫌う。

ただ、その読みやすさの重要性は紙媒体とＷＥＢ媒体で大きく異なる。極端な例を言えば、この本の冒頭に次のポエムがあったらどう思うだろうか。

「マチルダはポンプラタスと空を跳ねた」
「マチルダはミゾークの海に消えた」
「マチルダはロハイリンの言葉を握りしめて眠った」
「マチルダは恋を知らなかったけど愛を知りたかった」

さすがに40行はやりすぎなので上記の4行だ。意味不明だけれども、なんか読み進めれば意味があるんだろうな、となる。本当は意味なんてないのに。ただ、これがWEBページにアクセスしてドンと登場してきたら、なんじゃこりゃ、狂ったページに来ちゃったのかな、と引き返してしまう（これをWEB文章界隈では特に「**離脱**」という）。なぜこのような違いが起こるのか。

そもそも、WEBの文章と本や雑誌などの紙媒体の文章は、**読みに来る人の動機と意識がまるっきり異なる。**そこを考えなければならない。

紙媒体の場合、少なくとも書店で購入する、図書館で借りるなど、現状では読むために能動的に行動することが前提にある。そこまでして読み始めた文章はなかなか覚悟がいるので、よほどのことがない限り途中で読むのを止めたりはしない。それこそ、あまりにつまらないとか、あまりに思っていたものと違うとか、文章術の本かと思ったら別の物語が始まった、黒沢とか書いてありやがる、みたいなことがない限り離脱はしない。

現状において、紙になる文章はある程度の関門《かんもん》を潜り抜けてきているはずなので信頼がある。序盤が読みにくくとも必ず、読むだけの価値ある展開があると信頼されているのだ。だからそう簡単に離脱は起こらない。

けれども、WEBの文章はそうはいかない。まず読みに来る人は積極的で能動的な行動を伴っていないことがほとんどだ。電車に乗りながらスマホでネットサーフィンしていたらたまたま流れ着いた、みたいな状況がほとんどで、読むぞと意気込んで読み始めてくれることが少ない。

また、文章自体は誰でも公表できるし、何らかの関門をくぐっていない文章のほうが圧倒的に多い。悪い言い方をすれば、海のものとも山のものともわからない文章が溢れていて、読む方もそれを十分に理解している。言い換えれば、必ず読む価値のある展開がくるという信頼がないのだ。

そんな状況において、冒頭に読みにくい文章が続いたらどうなるか。**おそらくほとんどの人が離脱してしまうだろう。**

せっかく書いたものが読まれずに離脱される、それはやはり避けたいことだし、防ぐ方法があるのなら防ぎ、届けたい。それが人情というものだ。

そういった事情もあって、WEBの文章は読みやすさに特化して発展してきた背景がある。それは、誰かがこうしましょう、ルールですからね、と決めた規定ではなく、本当に自然に収束していった慣習なので、説得力と有用性が高い。だからこれらは過剰すぎるほど守ったほうがいい。

ＷＥＢにおいては読みやすさ信仰が圧倒的に強いのだ。難解な文章よりも、趣深い文章よりも、とにかく読みやすい文章が必要なのだ。

読みやすい文章とはなんだろうか。

じつは読みやすい文章とは文章技術ではない。こころ配りなのだ。

読みやすい文章を書く人は文章が上手な人ではなく、こころ配りのある人なのだ。

これはとても単純なお話で、読む人のことを考えて文章を書く、それだけで実践できるのだ。多くの文学作品を読み込んだり、文章教室に通う必要もない。しつこいようだが、こころ配り、それだけの話だ。

では、ここではどのようなこころ配りがすぐにでも実践可能なのか説明していこう。

「文字の板」を出現させてはいけない

文章を扱うWEBサイトを見て回ると、そのほとんどが次ページの図のように、3行ほどをひとまとまりにした段落形式になっていることに気がつく。

紙の媒体ではあまりやらない形式だ。稀にこういった形式をとらず、ギッシリと文字が詰まった形式のサイトもあるが、やはり少し読みにくい。それほどに、WEB文章においてはこの段落形式に慣らされている部分がある。

これに関しては、こうやって3行ほどをひとつの段落にし、さらに段落ごとにスペースを設けなさい、とWEB文章の規定で決められているわけではない。そんな規定はどこにも存在しない。主に縦書きで発展してきた日本語が、主に英文を扱うように発展してきた横書きのインターネット画面に順応していく中で、自然とこの形に落ち着いたのだろう。

例えば、大好きなネットアイドルの動画にコメントを書くことを考えてみるといい。君はそのネットアイドルが好きで好きでしょうがなく、左のような応援メッセージを動画のコメント欄に残すことにした。インターネットの発達はこのようにして憧れの人や有名人に直接的に応援を届けられるのだ。いい時代になった。

このCMは1989年に制作されている。筆者は13才であり、恋に勉強に大忙しの多感な中学生活を送っていた。

そして、この1989年は、例えば今のようにインターネット網が発達している社会情勢であった場合、間違いなく「1989年やばすぎw」とネタ的に語られるであろう、様々なことがあった激動の年でもあった。

まず、昭和天皇崩御により、昭和という時代が終わり、平成という時代が始まった年でもあった。ゲームボーイが発売され、手塚治虫先生が死去し、中国では天安門事件が起こった。ベルリンの壁が崩壊し、冷戦の終結が宣言された年でもあった。とにかく、世界的にみて大きな事件が起こった年でもあった。

そんな世界的に大きなうねりを伴った激動の時代にあってこのCMは作られたわけだが、そんな世界情勢以上に激流に晒された中でこのCMは作られている。

それは「国鉄民営化」だ。正式には「国鉄分割民営化」という。簡単に言ってしまうと、それまで日本国有鉄道（国鉄）だったものをJRとして、6つの地域別の「旅客鉄道会社」および「貨物鉄道会社」に分割し、経営を民営に移行したものだ。

引用：89’牧瀬里穂のJR東海クリスマスエクスプレスのCMが良すぎて書き殴ってしまった（さくマガ）

Comment

1ゲット♪

1: 2023/08/01 17:32 山本山

美咲ちゃんが好き。今日も素敵な動画を有難う。なんだか美咲ちゃんの動画を見ると安心する自分が居ると言うか、ホッとすると言うか。その心配りが自分の中に浸透して来る感覚が唯一の癒しです。優しいんだよ、美咲ちゃんの言葉は。でもその優しさが誰かを傷つけることもあるんじゃないかって心配することもあるよ。美咲ちゃんは誰にでも優しいから（動画から受ける印象です。違っていたらスマソ）誤解されやすくて嫌な思いとかしていると思う。今窓の外には月が出ています。綺麗な月を眺めながら美咲ちゃんの動画を見ていると同じ月を見ているのかなあって考えてしまいます。美咲ちゃん、今月は見えますか。良かったら窓の外を見てください。もしかしたらそこに僕が立っているかもしれません（ナンチャッテ）。さて、今日はここから少々厳しいことを言います。厳しいことを言うけど決して美咲ちゃんのことを嫌いだから言うわけじゃないからね。もっともっと僕の好きな美咲ちゃんになって欲しくて、あえて言います。いつも動画のコメントに返事をくれる律儀な美咲ちゃん、いつもありがとう。ファンを代表してお礼を言います。けれども、その長さが人によって違うのは誤解を生むと思うし、正直気持ちが良い物ではありません。先日の「おしゃまさん」のコメントに対する美咲ちゃんの返信が48文字、僕のコメントに対する返信が39文字でした。僕はあまり気にしないけど、気にするファンはいると思います。美咲ちゃんは優しいから（動画から受ける印象です。違っていたらスマソ）誰にでも返信しちゃうけど、どうせやるなら平等にやらないと逆効果になることがあります。今日は厳しい事言って御免ね。また動画楽しみにしている。最近は動画本体よりコメントが楽しみだけど。

2: 2023/08/01 17:32 ArumuT

このようなコメントを書いたとしよう。

僕はこれを「**文字の板《いた》**」と呼んでいる。

美咲ちゃんの立場からすると、まあ、こんなにたくさんギッシリとコメントを書いてくれて嬉しいわ、となるパターンはほとんどなく、うわっ、となることがほとんどだ。それは、書いている内容もまあまあ圧があるけど、それ以上にこの「文字の板」の圧が強いからだ。

不思議なもので、これが縦書きで紙媒体に書かれていたとしたら、書いている内容にはまあまあ圧を感じるけれども、その佇まいからはそこまで感じない。ましてや「文字の板」と揶揄されることもないだろう。

前述したように、WEB媒体において横書きで書かれたものは、数行ごとに段落を分離した形式で書くことが多い。それは俄然、読みやすくなるからだ。実際にやってみよう。

美咲ちゃんが好き。今日も素敵な動画を有難う。

なんだか美咲ちゃんの動画を見ると安心する自分が居ると言うか、ホッとすると言うか。その心配りが自分の中に浸透して来る感覚が唯一の癒しです。

優しいんだよ、美咲ちゃんの言葉は。でもその優しさが誰かを傷つけることもあるんじゃないかって心配することもあるよ。美咲ちゃんは誰にでも優しいから（動画から受ける印象です。違っていたらスマソ）誤解されやすくて嫌な思いとかしていると思う。

今窓の外には月が出ています。綺麗な月を眺めながら美咲ちゃんの動画を見ていると同じ月を見ているのかなあって考えてしまいます。美咲ちゃん、今月は見えますか。良かったら窓の外を見てください。もしかしたらそこに僕が立っているかもしれません（ナンチャッテ）。

さて、今日はここから少々厳しいことを言います。厳しいことを言うけど決して美咲ちゃんのことを嫌いだから言うわけじゃないからね。もっともっと僕の好きな美咲ちゃんになって欲しくて、あえて言います。

いつも動画のコメントに返事をくれる律儀な美咲ちゃん、いつもありがとう。ファンを代表してお礼を言います。けれども、その長さが人によって違うのは誤解を生むと思うし、正直気持ちが良い物ではありません。

先日の「おしゃまさん」のコメントに対する美咲ちゃんの返信が48文字、僕のコメントに対する返信が39文字でした。僕はあまり気にしないけど、気にするファンはいると思います。

美咲ちゃんは優しいから（動画から受ける印象です。違っていたらスマソ）誰にでも返信しちゃうけど、どうせやるなら平等にやらないと逆効果になることがあります。

今日は厳しい事言って御免ね。また動画楽しみにしています。最近は動画本体よりコメントが楽しみだけど。

2: 2023/08/01 17:32 ArumuT

この段落化によって、いくらかは文字の板としての圧が無くなる。ただし、全体が長くなるというマイナス面が生じる。どちらを取るかはケースバイケースだ。書いている内容はともかく、これなら美咲ちゃんも、ちょっと読んでみようかとなるかもしれない。

普通はこの時点で良しとするが、22年間、試行錯誤を繰り返してきた僕はこれを良しとしない。まだまだ**心づかい**が足りない。この文章にはストレスがあるのだ。内容もストレスだけど、それ以前のストレスが存在する。そしてそれらはちょっとしたこころ配りで消し去ることができる。

ここまでは読みやすさに特化して発展してきた慣習だ。

そして、ここからが心づかいの問題になる。

このような文章を書くときに最も問題となるのは**「読む人のことを考えない」**ことだ。読む人のことを考えていないから読みにくい文字の板を書いてしまう。まあ、美咲ちゃんのことを考えずにこのような内容を書いてしまうのだ。途中から美咲ちゃんに苦言を呈《てい》し始め、それを正当化している。ひどい。どういう精神構造をしているんだ。

まあ、その部分は置いといて、どうやってこの文章からストレスを消し去るのか、それを見ていこう。

一瞬でも迷う表現は思い切って捨てる

この例文の前段で、僕は「読みやすい文章とは、こころ配りである」と書いている。正しくは「読みやすい文章とは、心配りである」と書くべきだがそうは書かない。これは「心配り」という言葉は「心配」と同じ漢字であり、そして**一般的に見て「心配」のほうが使われる機会が多い**からだ。

だから「心配り」という言葉に直面したとき、一瞬だけど「心配」と読むのか「心配り」と読むのか迷いが生じる。これがストレスとなる。だから取り去ってあげなければならないので「こころ配り」と書く。「こころくばり」でもいいが、全部がひらがなだと後述する別の難しさがあるので注意が必要だ。

美咲ちゃんに向けたコメントも、ご丁寧に「心配り」と「心配」の両方が登場しているので、これを修正する必要がある。こんなものは送り仮名が「り」であれば「こころくばり」そうでないなら「しんぱい」と読めない人はいないのだけど、一瞬だけ迷う、それを避けている。

ちなみに、こころ配りと心配はおなじ意味で読み方が違うだけの言葉に思うかもしれないけれども、厳密に言うと少しだけ意味が異なる。

こころ配りとは辞書によると「あれこれと気をつかうこと。心づかい」とある。心配は「物事の先行きなどを気にして心を悩ますこと」とある。前者が他者に対する気づかいで、後者が他者や自分に対する不安であるという点で少し意味合いが異なる。

普通はそこまで混乱しないけど、それが「心配りであったのか心配であったのか」という主題の文章を書く場合、この違いはなかなか厄介になるのだ。実際に書いてみよう。

それは心配りであったのか心配であったのか、いまとなってはよくわからなかった。四丁目の駄菓子屋で見張りをするようにお達しがあった。隣の校区の連中が入り込まないよう、見張る必要があると強く言われたのだ。

大半の子どもたちはそうでもなかったけど、このあたり一帯を暴力と恐怖で支配している谷岡たち一派は縄張り意識が強かった。絶対に他校の連中を駄菓子屋に入れてはいけないという強い思想があった。

谷岡の腰ぎんちゃくである津村君からシフト表みたいなものが配布され、放課後の時間、交代で駄菓子屋の脇に立ち、校区の境を見張ることとなった。

「男子が一丸となってあの駄菓子屋を守る必要がある」

津村君はそう力説した。多くの児童は縄張りなんてどうでもいいと感じていたけど、やはり谷岡には逆らえないという恐怖があった。

「僕だけ時間が長くない？」

質問する。他の児童のシフトは30分くらいになっているのに、僕だけ余裕たっぷりに2時間ほどの枠が取られていたのだ。

「谷岡さんが言うには、おまえはなにかと協力的じゃないから」

とんでもないことになっている。なんで2時間もあるんだ。あんな場所で2時間も監視するのは苦行でしかない。

「あ、僕のあとは黒沢君なんだ」

シフト表によると2時間のロングシフトのあとは30分、黒沢君のシフトになっていた。黒沢君は、地元でも有名な心霊スポットの植物を取ってきたことで、勇敢な者として谷岡一派に認められつつあった。いちばん侵略がありそうなゴールデンタイムに配置されていたのでかなり期待されていたのだと思う。

地獄の2時間シフトが始まった。他の連中が駄菓子屋で楽しんでいるのをよそに、店の横で仁王立ちして監視だ。2時間これを続けるのはまあまあきつい。

けれども、なかなか監視の効果があるようで、向こうの校区では何人かの児童がやってきては、仁王立ちする僕の姿を見て帰って行った。

ただ、その動きがいつもより活発で、なんだか不穏な空気みたいなものがあった。もしかしたら攻めてくるかもしれない、そんなキナ臭い雰囲気があったのだ。見張ってはいるものの、大挙して攻めてこられたら成すすべはない。どうぞどうぞと駄菓子屋を使ってもらうしかない。そう考えると、この地獄の見張りもなかなか無意味なものだ。

「よう！　なにやってんだ！」

そこにやってきたのは知り合いのおっさんだった。近所の酒屋におつかいに行った時に知り合ったおっさんで、基本的にいつでも酔っぱらっている人だ。

どうやら通りがかりに僕の姿を見つけ、遊ぶでもなく仁王立ちする状況を不審に思ったらしい。

「実は、隣の校区の連中にこの駄菓子屋を荒らされないよう見張ってるんです。交代制で」

「そりゃ一大事だな。とんでもない重要任務じゃねえか。絶対に負けるな！」

おっさんは南海ホークスの帽子を深くかぶりなおす仕草を見せた。

「ただ、心配なんですよね。僕のあとは黒沢君っていう転校生が見張るんですけど、なんか今日、攻めてきそうな気がするんです。僕のときなら逃げるだけなんでいいんですけど、黒沢君のときに攻めてこられたら、やられてしまうかもしれない。抵抗せずに逃げても谷岡にやられちゃうわけですし」

南海ホークスのおっさんはまた帽子を深くかぶりなおす仕草を見せた。これは、なにかいいことを言おうとしているときに見せる彼の癖だ。

「それは心配かい？　心配りかい？」

「へ？」

南海ホークスの言葉の意味が理解できず、素っ頓狂な声を上げてしまった。

「心配りってのはな、他人に対してするもんだ。逆に心配ってのは自分に対してしかしないわけ」

酔っぱらいってこういった面倒くさいことを言いだしがちだ。

「そんなことないですよ。友達のことを心配しますよ。いまだって黒沢君が危ない目に遭うんじゃないかって心配してますし。心配は他人にも使いますよ」

南海ホークスは首を横に振った。

「心配は自分にしか向かない。友達のことを心配しているようにみえても、それは仲のいい友人が危ない目に遭って自分の気持ちが落ち込むことを危惧しているだけだ。だから心配は自分にしか向かない」

もしそれが本当にそうだとして、その意味合いの違いとなにか関係がありますか、といいたくなる気持ちをグッと堪《こら》えた。これ以上、酔っぱらいに絡むと大変なことになるからだ。

南海ホークスのおっさんは、そのままたフラフラとどこかに行った。それからしばらくして僕のシフトである地獄の2時間が終わったようで、交代要員の黒沢君がやってきた。

「ごめん、少し遅れた。出がけにちょっとゴタゴタしてさ」

黒沢君は少しふらついているように見えた。

「なんかさあ、きょうは不穏な感じがするよ。様子を見に来るやつらが多い。なにか企んでるかも」

忠告する。

めに、どう書くか

「大丈夫、大丈夫。攻めてくるなんてありえないでしょ。そもそも駄菓子屋を取り合う必要なんてないわけだし」

そうなのだ。べつに駄菓子屋を取り合う必要はない。皆で仲良く利用すればいいだけだ。そもそも争う必要がない。縄張りなんてものを意識しているのは谷岡一派だけだ。

黒沢君はそういった本質が見えている部分があり、それがとてもクールに見えて憧れる部分でもあった。ただその反面、少し楽観的というか、能天気な部分があり、それが心配でもあった。いや、それによって黒沢君が酷い目に遭い、僕が心を痛めてしまわないか心配でもあった。

黒沢君と交代し、家路へとつく。途中にあった小さな公園で友人たちがキックベースに興じていたので、急遽ではあるけど混ざることにした。当時はテレビ番組の影響でキックベースが大流行していたのだ。

しばらくすると、その空地の横を南海ホークスが通りかかった。この酔っぱらいは町内のいたるところをフラフラと徘徊しているみたいで、こうやって一日に何度も遭遇することがあった。

「おい、四丁目の駄菓子屋のところ、隣の小学校の子どもたちが集結してたぞ!」

南海ホークスはとんでもないことを言いだした。どうやら隣の校区の連中が集結して攻め込んできたようだ。僕の予感は当たっていたのだ。

「黒沢君が危ない！」

駆けだす。急いで駄菓子屋まで行かなければならない。

「友達が心配か？　それは心配りか？　心配か？」

走り出す僕を南海ホークスがとおせんぼしてくる。南海ホークス、かなり酔っぱらってできあがっているみたいだ。酔っぱらいは往々にしてこういった無意味な嫌がらせをする。

「わかりません！　でも急いで行かないと！　どいてください！」

「心配りか？　心配か」

「わかりません！」

「心配り心配心配り心配心配り心配心配り心配心配り心配心配り心配心配り心配り心配りレロレロレロレロレロ」

南海ホークスがぶっ壊れたロボットみたいになっている。完全に酔っぱらって悪ノリしているときの南海ホークスだ。なんなんだこの人。

心配りだろうが心配だろうが、どちらでもいい。僕は黒沢君を助けに行かなければならない。なんとか南海ホークスを押しのけ、駄菓子屋に向かって走り出した。

めに、どう書くか

郵便はがき

105-0003

切手を
お貼りください

（受取人）
東京都港区西新橋2-23-1
3東洋海事ビル
（株）アスコム

文書で伝えるときいちばん大切なものは、感情である。

読者　係

本書をお買いあげ頂き、誠にありがとうございました。お手数ですが、今後の出版の参考のため各項目にご記入のうえ、弊社までご返送ください。

お名前	男・女	才
ご住所　〒		
Tel	E-mail	
この本の満足度は何％ですか？	％	

今後、著者や新刊に関する情報、新企画へのアンケート、セミナーのご案内などを郵送またはeメールにて送付させていただいてもよろしいでしょうか？

□はい　□いいえ

返送いただいた方の中から**抽選で3名**の方に**図書カード3000円分**をプレゼントさせていただきます

当選の発表はプレゼント商品の発送をもって代えさせていただきます。
※ご記入いただいた個人情報はプレゼントの発送以外に利用することはありません。
※本書へのご意見・ご感想およびその要旨に関しては、本書の広告などに文面を掲載させていただく場合がございます。

●本書へのご意見・ご感想をお聞かせください。

ご協力ありがとうございました。

このように「心配り」と「心配」がここまで交互に連呼されるケースはほとんどないと思うけど、実際にやるとまあまあ読みにくいと思う。

この例と同じく、同じ漢字でありながら複数の読み方がある漢字はそこそこに存在する。「気配」と「気配り」などもかなり難しい言葉だ。

それらすべての表現を避けるのは得策ではない。キリがないからだ。**その複数の読み方のパワーバランスを考えて、ここはそう迷わないだろうな、とする感覚が大切なのである。**

代表的なものだけ挙げておこう。「今日は」と書かれていて「きょうは」なのか「こんにちは」なのかわからないので、この表現はあまりに危険度が高い。これはどっちで読んでも違和感がないことが多いので注意が必要だ。

「人気」も「人気がない」と書くと「ひとけ」がないのか「にんき」がないのかわからない。どちらなのかは前後の文脈でわかるだろうけど、これも避けたほうがいい表現だ。人の気配がない、不人気、みたいにその意味にしか取れない言葉を使おう。

誤解なきよう念を押すが、「心配り」を「こころ配り」と書きなさいという決まりはどこにもない。それをしなさいとも言っていない。

大切なのは「ここちょっと迷いそうだな」と

読み手に配慮する心づかいなのである。

それと同様に、あまり使わない漢字を避ける、という心づかいも存在する。それは次の段で説明しよう。

かっこつけたって、読まれなかったら意味がない

もういちど、美咲ちゃんの動画に書き込まれたコメントを見てみよう。

美咲ちゃんが好き。今日も素敵な動画を有難う。

なんだか美咲ちゃんの動画を見ると安心する自分が居ると言うか、ホッとすると言うか。そのこころ配りが自分の中に浸透して来る感覚が唯一の癒しです。

優しいんだよ、美咲ちゃんの言葉は。でもその優しさが誰かを傷つけることもあるんじゃないかって心配することもあるよ。美咲ちゃんは誰にでも優しいから（動画から受ける印象です。違っていたらスマソ）誤解されやすくて嫌な思いとかしていると思う。

今窓の外には月が出ています。綺麗な月を眺めながら美咲ちゃんの動画を見ていると同じ月を見ているのかなあって考えてしまいます。美咲ちゃん、今月は見えますか。良かったら窓の外を見てください。もしかしたらそこに僕が立っているかもしれません（ナンチャッテ）。

さて、今日はここから少々厳しいことを言います。厳しいことを言うけど決して美咲ちゃんのことを嫌いだから言うわけじゃないからね。もっともっと僕の好きな美咲ちゃんになって欲しくて、あえて言います。

いつも動画のコメントに返事をくれる律儀な美咲ちゃん、いつもありがとう。ファンを代表してお礼を言います。けれども、その長さが人によって違うのは誤解を生むと思うし、正直気持ちが良い物ではありません。

先日の「おしゃまさん」のコメントに対する美咲ちゃんの返信が48文字、僕のコメントに対する返信が39文字でした。僕はあまり気にしないけど、気にするファンはいると思います。

美咲ちゃんは優しいから（動画から受ける印象です。違っていたらスマソ）誰にでも返信しちゃうけど、どうせやるなら平等にやらないと逆効果になることがあります。

今日は厳しい事言って御免ね。また動画楽しみにしています。最近は動画本体よりコメントが楽しみだけど。

2: 2023/08/01 17:32 ArumuT

段落にわけることで文字の板になることを防ぎ、一瞬でも迷わないよう、「心配り」を「こころ配り」と表現することは既に述べた。ここからさらに発展させよう。

文章において、**ひらがなと漢字をどう扱うか、**これはとても重要なことだ。日本語は、ひらがなと漢字、さらにはカタカナが混ざる独特かつ特殊な言語なので、それ相応の対応が必要となる。

問題のコメントを見てみよう。まず、この文章はあまりに漢字が多すぎる。どうでもいいところまで漢字にしていると言い換えてもいい。

漢字はひらがなに比べて画数が多いことがほとんどなので、多ければ多いほど見た目の圧が増える。すべて漢字で書かれた文章はかなり圧が高く、日本人からしたら読みにくいだろう。

そして、これは自分もそうだったからよくわかるのだけど、文章を書くことに慣れていない人ほど、不必要な漢字を使いがちだ。すべてひらがなで書かれた文章は子ども向けの文章で、漢字が多いほど知的な文章である、という誤解があるからだ。

ここではお気に入りの地下アイドルに読ませたいという意図もあるので、なおのこと知的に見せたい意識が働く。だから不必要な漢字が多く、それが圧になっている。

美咲ちゃんが好き。今日も素敵な動画を有難う。

なんだか美咲ちゃんの動画を見ると安心する自分が居ると言うか、ホッとすると言うか。そのこころ配りが自分の中に浸透して来る感覚が唯一の癒しです。

優しいんだよ、美咲ちゃんの言葉は。でもその優しさが誰かを傷つけることもあるんじゃないかって心配することもあるよ。美咲ちゃんは誰にでも優しいから（動画から受ける印象です。違っていたらスマソ）誤解されやすくて嫌な思いとかしていると思う。

今窓の外には月が出ています。綺麗な月を眺めながら美咲ちゃんの動画を見ていると同じ月を見ているのかなあって考えてしまいます。美咲ちゃん、今月は見えますか。良かったら窓の外を見てください。もしかしたらそこに僕が立っているかもしれません（ナンチャッテ）。

さて、今日はここから少々厳しいことを言います。厳しいことを言うけど決して美咲ちゃんのことを嫌いだから言うわけじゃないからね。もっともっと僕の好きな美咲ちゃんになって欲しくて、あえて言います。

いつも動画のコメントに返事をくれる律儀な美咲ちゃん、いつもありがとう。ファンを代表してお礼を言います。けれども、その長さが人によって違うのは誤解を生むと思うし、正直気持ちが良い物ではありません。

先日の「おしゃまさん」のコメントに対する美咲ちゃんの返信が 48 文字、僕のコメントに対する返信が 39 文字でした。僕はあまり気にしないけど、気にするファンはいると思います。

美咲ちゃんは優しいから（動画から受ける印象です。違っていたらスマソ）誰にでも返信しちゃうけど、どうせやるなら平等にやらないと逆効果になることがあります。

今日は厳しい事言って御免ね。また動画楽しみにしています。最近は動画本体よりコメントが楽しみだけど。

2: 2023/08/01 17:32 ArumuT

網掛けした部分が不必要な漢字にあたる。

これにはいくつかの種類があって、まず、普段はあまり使わない漢字が不必要といえるのだ。

「有難う」「御免ね」あたりはそこまで常用される表現ではない。これはパソコンで文章を書くことが一般的になったから増えてきたものだ。**変換すれば出てくるので、普段は使わないような漢字をちょっと格式高く見せようと使ってしまう。**ここでは普通に「ありがとう」「ごめんね」でいいのだ。

漢字で表現したほうが格式が高くて丁寧であるという誤解があるので、かしこまった場面、客先や目上の人へのメッセージに普段は使わない漢字を大量に使い「有難う御座いました。何卒宜しく御願い致します」みたいに画数の多い漢字を多量に使ってしまうことがある。べつに「ありがとうございました。よろしくおねがいします」でいいのだ。

次に「言う」「来る」「居る」「物」だ。これらは音が同じだけで厳密にはその漢字が当てはまらない。実際に言葉を口にしていない場所で「言う」はおかしいし、「居る」は人や動物がそこに存在する状態を指すことで、心のありようを示すのには少し外れている。「来る」も本当にくるわけではなく「浸透して」にかかっている言葉なので、この表現はいまいちだ。「物」に関しては、ここでは実際の物品を示しているわけではなく、現象を指した「もの」だ。

これらは細かく、**用法が違うからダメというわけではなく、不必要だからひらがなでいい、**というものだ。そうなると幾分は圧が減るはずだ。

ちなみに「思う」は、その前の「嫌な思い」と漢字が重複するので美しくない。連続して同じ漢字が出ると印象が強くなって圧が高まる。ここはどちらかを開くか、そもそもの表現を変えて漢字を減らした方がいい。とにかく漢字は減らしたほうがいい。ただ減らし過ぎると今度はバカみたいなので、そのへんのバランスを見極める必要がある。

そしてここからが最大の山場だ。心して聞いてほしい。

漢字とひらがなの間には「薄い線」がある

網掛けの部分が文章において最大のストレスになるのだ。

美咲ちゃんが好き。今日も素敵な動画をありがとう。

なんだか美咲ちゃんの動画を見ると安心する自分がいるというか、ホッとするというか。そのこころ配りが自分の中に浸透してくる感覚が唯一の癒しです。

優しいんだよ、美咲ちゃんの言葉は。でもその優しさが誰かを傷つけることもあるんじゃないかって心配することもあるよ。美咲ちゃんは誰にでも優しいから（動画から受ける印象です。違っていたらスマソ）誤解されやすくて嫌な思いとかしているんじゃないかな。

今窓の外には月が出ています。綺麗な月を眺めながら美咲ちゃんの動画を見ていると同じ月を見ているのかなあって考えてしまいます。美咲ちゃん、今月は見えますか。よかったら窓の外を見てください。もしかしたらそこに僕が立っているかもしれません（ナンチャッテ）。

さて、今日はここから少々厳しいことを言います。厳しいことを言うけど決して美咲ちゃんのことを嫌いだから言うわけじゃないからね。もっともっと僕の好きな美咲ちゃんになってほしくて、あえて言います。

いつも動画のコメントに返事をくれる律儀な美咲ちゃん、いつもありがとう。ファンを代表してお礼を言います。けれども、その長さが人によって違うのは誤解を生むと思うし、正直気持ちがいいものではありません。

先日の「おしゃまさん」のコメントに対する美咲ちゃんの返信が48文字、僕のコメントに対する返信が39文字でした。僕はあまり気にしないけど、気にするファンはいると思います。

美咲ちゃんは優しいから（動画から受ける印象です。違いっていたらスマソ）誰にでも返信しちゃうけど、どうせやるなら平等にやらないと逆効果になることがあります。

今日は厳しい事言ってごめんね。また動画楽しみにしています。最近は動画本体よりコメントが楽しみだけど。

2: 2023/08/01 17:32 ArumuT

これは異なる単語が漢字として連続する部分だ。例えば「今窓」の部分は、本来は「今」と「窓」は別の言葉なのに、漢字が連続することでそのような熟語に見えてしまう。落ち着いて読めば、「今、窓」と読めるけれども、**一瞬でも「今窓」って**

なんだろう、そういう熟語があるのかな、と考えさせてしまう。**これがストレスとなる。**

日本語の文章は、ひらがなと漢字が混在する。そのため、それらの境界には薄い線が入り、そこは必ず読み方が切れる。逆を言えば、漢字が連続している場所は線が入らず、そこで切ることが瞬時にはわからない。そこで**一瞬の迷いが生じ、それがストレスとなりうる**のだ。

「今窓」についてはそのような熟語に思われるので「今、窓の外に」と表現するのがいい。その後の文章との兼ね合いで読点が多くなりすぎるから使いたくないな、というときは「いま窓の外に」と今をひらくべきである。「今」は漢字にしなくてもいいパターンが多いものなので一石二鳥だ。

その次の「今月」も顕著だ。「こんげつ」と読めてしまう。かなり強く読めてしまう。「なんだよ今月は見えているかって何を指しているんだ」となってしまう可能性がある。ここは「いま月が」とやるべきだ。

「少々厳しいこと」もそうで「少々厳」という中国の故事か何かからきた言葉があるのかなと迷わせる。険しき峠道に少々厳という大きな岩があった。これらは旅人を惑わせると言われていた、なんてありもしない物語を想像してしまう。こちらは「しょう」とひらいて表現することはあまりないので、根本の文章から直したほうがいい。

そもそも意味の異なる漢字が連続する表現は日本語の文法として破綻していることが多い。ここは「少し厳しいことを」と表現すれば容易に回避できるのだからそう表現すべきだ。

同じように「正直気持ち」の部分も別に正直はいらないので「気持ちのいいものではありません」と表現するか、どうしても正直を入れないと死ぬというのならば「正直に言うと気持ちのいいものではありません」と表現すべきだ。

「動画楽」についても、一瞬だけ「音楽」の次世代の形として、音から動画に発展した「動画楽」というものがあるのだろうかと考えてしまうので、「動画を楽しみにしています」と正しい表現を使うべきだ。

逆に「動画本体」という部分は、本来は「動画」の「本体」とすべきなのだけど、そこまでやるとやりすぎな感じがある。特に「の」でつなぐと「〜の〜の〜の〜」と英語でいうところの延々とofでつながる文章ができやすくなってしまう。これはこれでストレスだ。

「動画本体」のままでもそこまで混乱は招かない。たぶん、「動画」と同じくらい「本体」がよく使われる表現で、なおかつセットで使っても違和感がないのでこのままでも大丈夫だろう。このあたりは感覚に拠《よ》る判定が主体になってしまうので訓練が必要だ。ほとんどの場合、書き言葉と話し言葉がごっちゃになっているケースが当てはまるので、その観点で注意しておくといい。

こういった漢字表記を考えて、さらに重複している内容を整理して修正すると、あの気持ち悪いコメントは次のようになる。

美咲ちゃんが好き。今日も素敵な動画をありがとう。

なんだか美咲ちゃんの動画を見ると安心する自分がいます。美咲ちゃんのこころ配りが自分の中に浸透してくる感覚が唯一の癒しです。

美咲ちゃんの言葉は優しいんです。でも、その優しさが誰かを傷つけることもあるんじゃないかな。美咲ちゃんは誰にでも優しいから誤解されやすくて嫌な思いとかしているんじゃないかな。心配です。

いま窓の外には月が出ています。綺麗な月を眺めながら美咲ちゃんの動画を見ていると同じ月を見ているのかなあって考えてしまいます。美咲ちゃん、いま月は見えますか。よかったら窓の外を見てください。もしかしたらそこに僕が立っているかもしれません。

さて、ここから少し厳しいことを言います。けれども決して美咲ちゃんが嫌いだから言うわけじゃないからね。もっともっと僕の好きな美咲ちゃんになってほしくて、あえて言います。

いつも動画のコメントに返事をくれる律儀な美咲ちゃん、いつもありがとう。ファンを代表してお礼を言います。けれども、その長さが人によって違うのは誤解を生むと思うし、正直に言うと気持ちがいいものではありません。

先日の「おしゃまさん」のコメントに対する美咲ちゃんの返信が48文字、僕のコメントに対する返信が39文字でした。僕はあまり気にしないけど、気にするファンはいると思います。

美咲ちゃんは優しいから誰にでも返信しちゃうけど、どうせやるなら平等にやらないと逆効果になることがあります。

今日は厳しいことを言ってごめんね。また動画を楽しみにしています。最近は動画本体よりコメントが楽しみだけど。

2: 2023/08/01 17:32 ArumuT

こうすることで少しは読みやすくなるので、内容が気持ち悪くともなんとかなる。いや、ならないか。だいたい、なんでこいつはファンを代表してお礼を言っているんだ。なんなんだ。

それでも、文章を書く以上、読む人のことを考えてストレスがないようにこころ配りをすることが大切だ。たぶんそういうこころ配りができる人は、そもそもこういった類のコメントを書かない。

表記ゆれなんて気にしてるのは書き手だけ

この漢字連続問題、失礼、漢字が連続してどこで切っていいのか迷う問題はその逆も存在する。ひらがなが連続する問題だ。

例えば、にがりについて考えてみよう。豆腐などの製造に使うあの、にがりだ。べつににがりでなくともいいのだけど、ここではにがりについて考える。

「べつににがりでなくてもいいのだけど」

この文章ですでに問題が生じている。「べつににがり」の「にに」の部分は、ひらがながが連続するので、そこに線が入らない。どこで切っていいのかわからずに読み手にストレスを与えることとなる。ここはストレスを与えないように漢字とひらがなの間に線が入る性質を利用すると次のようになる。

「べつに苦汁でなくてもいいのだけど」

ただし、この場合は「にがり＝苦汁」がそこまで一般的とは言えないので、できれば避けたい。ついついやってしまいがちだけど、先ほども言ったように、無駄な漢字表記は避けるべきだし、パッと見て読めない漢字を使うことは自分の知力を誇示する自己満足になっても読み手にはストレスでしかない。そうなると次のような表現になる。

「べつにニガリでなくてもいいのだけど」

ひらがなとカタカナの間にも漢字ほどではないけどうっすらとした線が入る。それを利用して読み方を指示する。ただしカタカナは字面から少し固い印象を与えるので、どうしても「にがり」の字面的な柔らかさを生かしたいという場面が出てくることもある。その場合は次のように表現する。

「別に〝にがり〟でなくてもいいのだけど」

ただし、これは最終手段だ。どうしても困ったときに選ぶ手段だ。
これは切れ目を意識しなくてもいいように文章を組み立てるほうがいい。

このように扱いが難しくなる言葉がでてきたら、その単語を文の頭か句点のあとに持ってくるように文章を組みなおすのが得策だ。文の頭と句点のあとは完全なる線があるので、それを利用する。

「にがりでなくてもいいのだけど」

「まあ、にがりである必要はないよ、べつに」

このように、漢字、ひらがな、カタカナの間にはうっすらと線が入ることを意識するとストレスを軽減した文章を組み立てることができる。それには表記が揺れることを気にする必要はなく、ひとつの文章の中で同じ単語を漢字で書いてもいいし、ひらがなで書いてもいい。そのときにストレスがなくなる表記を選べばいい。
では実際にどのようにして記述するか、実例をみてみよう。

完全なる酔っぱらい南海ホークスを振り切り走り出す。四丁目の駄菓子屋に到着すると、のっぴきならない状態になっていた。

居並ぶ他校の連中に対峙しているのは、おばちゃんだった。駄菓子屋の店主だ。なぜか黒沢君はその横で待機させられている。

睨み合っている他校の連中とおばちゃんを他所《よそ》に、何かを持たされている黒沢君にそっと近寄る。

「何が起こったの?」

「わからんけど、他校の連中が攻めてきたのをみて、おばちゃんが突然に怒り狂った」

「それなに?」

黒沢君が持たされている物品を指さす。

「にがりって書いてある。持ってろだって」

「なんで？」

「わからん」

とにかく、2人で呆然と立ち尽くし、おばちゃんと連中の戦いを見ていることしかできなかった。どうやら20人でひとりを襲うのが卑怯だとかそういった争点らしい。

「見張りまで立てて俺たちに駄菓子屋を使わせないそっちのやつらのほうが卑怯じゃないか！」

おそらくリーダー格なのだろう、小学生横綱みたいな恰幅《かっぷく》のいい児童が声を荒げる。

おばちゃんは即座に反論する。

「そんなことしったこっちゃないよ！　多人数を集めるのが卑怯だって言ってんだ。みっともない真似すんなってことだ」

おばちゃんの主張は真っ当なものだった。この街にはこんなまともな大人もいるのだ。南海ホークスのやつに見せてやりたい。頭のおかしい大人ばかりじゃないのだ。

「じゃあ、どうしたらいいんだ」

小学生横綱が一歩前に出る。

「1対1で決着をつけな。相撲で決着をつけな！」

話の展開がおかしくなってきた。

「お前、行きな！」

おばちゃんが指さしたのは僕だった。え、僕が？　あの小学生横綱と？　僕が？

やはりこの街には頭のおかしい大人しかいない。

「相撲だよ！　塩がなかったからね、にがりを用意したよ。これを撒《ま》いて相撲で決着つけな！」

やはりこの大人、頭おかしいよ。完全にこの展開を見越して「にがり」を用意している意味がわからない。なんだよ、にがりって。なんで小学生横綱みたいなやつと相撲で決着をつけなきゃいけないいんだよ。

「ちょっと、黒沢君」

黒沢君に助けを求める。そもそも、いまのシフトは黒沢君の担当なので、黒沢君が代わりに相撲をとってよ、という懇願でもあった。

「大丈夫、にがりは任せろ、しっかり撒くから」

黒沢もだいたい頭がおかしい。そういうことを言っているんじゃない。

完全に勝ったと思ったのだろう、他校のオーディエンスたちのボルテージはマックスだ。

小学生横綱がさらに一歩、前に出る。

にがりを握りしめる黒沢。
もう逃げられないと僕も一歩前に出た。

この文章では「にがり」が多用されるため、それが読みにくくならないように配慮して組み立てられているのはもちろんのこと、同様に「おばちゃん」という単語も重要語句で多用されるのに平仮名なので、扱いが難しい。この文章では、ほぼ句読点の後にこれらの扱いが難しい単語が登場するように文章を組み立ててある。逆に言えば100パターン以上も書けるように訓練した多数の文章の中から「にがり」「おばちゃん」が句読点の後にくるものを選んでいるわけだ。

ここで大切なのは、こういうやり方をやりなさいということではなく、**読み手はどういうモチベーションで読みに来るのか予想し、心を砕いてその心情に配慮する**ということだ。
そうすることで、それに合った表現方法を選ぶことができる。これは文章技術ではなく、読み手への思いやりだ。そこにどれだけ重きを置くかで文章の価値が決まる。そう言っても過言ではない。

テンポを制す者が文章を制する

ここではテンポのいい文章の秘訣について解説する。テンポのいい文章は読みやすさにつながるから重要だ。読みやすければ最後まで読まれるし、言いたいことも伝わる可能性が高くなる。つまり届きやすくなるのだから、是非とも意識してほしい。

これは本当に企業秘密なので書くまいと決めていたのだけど、出し惜しみしてもしょうがないので書いてしまう。

前述したように、WEBで書かれる文章は3行ほどをひとまとめにした段落で記述されるようになった。それは読みやすさを追求した結果、自然とそうなったものであることはすでに述べた。

縦書きの文章のように、単に改行するだけの段落ではなく、かならず1行以上のスペースが入る。いうなれば、段落ひとつひとつが独立した島のような状態になっている。

そうなると何が起こるか。自然と、この1つの段落が1つの区切りとして読まれるようになるのだ。

これは、**読む人の呼吸がその段落ごとに途切れる**ことを意味している。

そこで重要なのが**段落内の3つの要素だ。**

- **段落内の展開は1事象**
- **語尾に気をつける**
- **段落の出だしこそが重要**

1段落の展開は1事象におさめる

まず、「段落内の展開は1事象」についてだ。これはそのままなのだけど、段落を1つのまとまりとしてみた場合、そのまとまりの中で展開がたくさんあっても困るというものだ。一段落一意とまではいかないけど、それに近い感覚で書く方がいい。

文章講座に行くと必ず教えられることがある。それが「一文一意」というものだ。初心者がよくやりがちな勘違いで、ひとつの文章が長ったらしく、なんだかいろいろ詰め込んでこねくり回している文章が格式高いと感じるやつだ。それをしてはいけませんというものだ。

実際に見てみよう。こちらは僕が実際にWEB連載において書いた文章を、慣れていない人がやりがちな形式に書き改めたものだ。

彼らは天気との親和性が高く「今日は湿気が高いから休みにしましょう」「今日は雨だから休みにしましょう」「風が強い」などを口実として常に天気を引き合いに出しサボろうとするので、勉強を教えるのは困難を極めた。

こちらが実際に掲載された文章だ。

そんな連中に勉強を教えるのは困難を極めた。彼らはすぐにサボろうとするのだ。「今日は雨だから休みにしましょう」「今日は湿気が高いから休みにしましょう」「風が強い」。彼らはなぜか天気との親和性が高かった。サボる口実として常に天気を引き合いにだしていた。

引用：おっさんは二度死ぬ
（日刊 SPA!,pato,2018）

前者は、彼らが天気との親和性が高かった。天気を口実にサボろうとした。そんな連中に勉強を教えるのは困難を極めた、という3つの意味が1つの文章に入っている。

これでは読み手が文章をすべて読み終わるまで他の部分の意味を覚えておかないと意味が通らなくなるのでストレスとなる。さらに、慣れていない人がこれをやるとたいてい主語と述語がねじれ、読みにくいどころか文法的に破綻したものになる。だから、ひとつの文章にひとつの意味にしましょうね、というのが一文一意で後者の文章がそれにあたる。こちらのほうが読みやすいはずだ。

これはもちろん文章術の基礎で、だいたいどこでも教えてくれる。

ここからはさらにそれを発展させて考えてみよう。僕は文章を**「1段落1事象」**という意識で書いている。

さきほどの例には3つの意味が含まれるけど、基本的に主張したいことは「彼らに勉強を教えることが困難だった」というひとつの事象があるだけだ。それだけだ。天気などは付随する情報でしかなく、ここで言いたいのはそれだけだ。

そんな中にあって、一つの癒しがあった。盗賊団ばかり教えていた中で、普通のご家庭の子を教えることになったのだ。それも女の子だった。女子中学生である。

引用：おっさんは二度死ぬ
（日刊SPA!,pato,2018）

次の短い段落では、いくつかの文章があるけど、「女子中学生を教えることになった」ということだけを述べている。

このように1つの情報や場面を1つの段落にまとめることで段落が変わるということは情報が変わるということだな、と読み手に理解してもらえる。そうなると、段落の間隔が空いている場所で息継ぎが行われるのだ。

そうやって読み手の呼吸を操る段落構成をすることで徐々にこちらのペースに巻き込んでいく。**あとは呼吸を乱すも整えるも、完全にこちらの手中、**という状況にもっていくのだ。

強烈な印象を与える「です。」の使いどころ

次に「語尾に気をつける」だ。

これこそが、段落が強く意識され、ひとまとまりに読まれるようになったことによって、深く注意する必要が出てきた要素だ。

そもそもパソコンで表示したときに3行くらいになる段落、それでいて一文一意を守ると、だいたい段落には3つ前後の文が収納されることが多くなる。この3つの文の語尾が揃っていると、強烈な印象となり、それが違和感となる。

その中でも「です。」という語尾はかなり強い。意味的にも言い切る形なので強いし、濁点が入るので音の面でも強い。それが3つ続くと、かなりの違和感になる。

左の図は、とある記事において実際に僕が書いた文章の「です。」に着目したものだ。

狙ったように1つの段落に3つの文が入っていて、さらに「です。」が段落内で3連続になるのを避けている。

わざと「です。」が3連続にならないように書いているというわけではなく、そもそも段落内がすべて「です。」で終わる文章というのはどこかで運びを失敗している。そうならないように段落内の構成を考えれば、自然と避けることができる。

逆に、この「です。」がかなり強い語尾であることを

地球上にアリは何匹いるのか。東京都内にあるマンホールの総数はいくらか。とにかく荒唐無稽な数を問う問題です。こういった質問において実際の数を知識として知っていることはそう重要ではありません。知っておく必要もありません。重要なのはどう理論的にアプローチしてその数を推測するのかというところです。この種の質問はそういった能力を問われているわけです。

多摩川に架かる橋の数もそうです。この数を知識として知っている人はそういません。橋マニアか多摩川マニアくらいでしょう。理論的にアプローチしてその数を予想できるか、この質問ではそれが問われているのです。ということで、理論的に多摩川の橋の数を推測してみましょう。

まず、橋が造られる場所のことを考えましょう。橋はどういった場所に造られるか。これはもう圧倒的に「必要な場所」に造られます。いくつかの例外はありますが橋は必ず必要な場所に造られます。けっこう大掛かりな工事になりますからね。

では、どのような場所に橋が必要と感じるか。これはもう、遠回りするのが面倒な場所に造られるわけです。川を隔てて向こう側に行きたいときにあっちの橋まで遠回りしたくない。そういった場所に要望が集まり、じゃあ造るかと橋が造られるわけです。

そう考えると、無限に橋を造るわけにはいきませんので、「遠回りしたくないな」の限界に合わせた間隔で橋が造られるはずです。ではその「遠回りしたくないな」とは、どれくらいの距離でしょうか。

引用：【徒歩111km】多摩川に架かる橋は何本あるのか徒歩で確かめてきた（SPOT）

利用し、わざと連続で使って印象に残し、ズバズバとテンポよく言い切り畳みかける場面で使うこともできる。

段落の初っ端から内容を予想させてしまおう

最後に「段落の出だしこそが重要」だ。

ある事象に対して誰かが意見を述べるとき、それに賛成か反対かを表明せずに延々と前置きを話したとする。そういった話術は話している方は気持ちいいかもしれないが、聞いている方としてはどっちなんだとヤキモキする時間が長く存在する。そのヤキモキを凌駕《りょうが》する展開が結論の部分にあればいいけれども、それがない場合はストレスでしかない。

最初に反対であると表明してくれれば、その後の前置き部分も、これは反対の前提で話している前置きなんだとストレスなく聞くことができる。実は文章にもそれがある。**どっちの立場で書かれる文章なのかわからないまま読むことはまあまあのストレスだからだ。**

これは、文章全体におよぶことを言っているのではない。文章全体で何が言いたいのかを最初に表明する必要はなく、あくまで段落の単位で考えるべきだ。これからこの段落ではどういった類のことが書かれるか、そう宣言されるとスッとその段落をストレスなく読むことができる。

ふたたび、次ページの例をみてみよう。

この本ではそうでもないけれども、ある程度の長さの文章を書く場合、**段落の最初に接続語を持ってくる**ことが多い。そこで使われる最初の接続語は入れなくても文章の意味が通るものばかりで不必要だ。それでもあえて使っている。

「まず、」「では、」「そう考えると、」これらを段落の頭につけることで、これからこの段落ではどんなことを述べるのか宣言している。

「まず、」が宣言されると最初に断っておかねばならないことが書かれているんだとわかるし、「では、」はその前の段落に続きつつ、やや発展したことが書かれるんだとわかる。その後の文章をその心持ちで読むからストレスが少ない。

「しかしながら、」「でも、」と始まると前の段落を打ち消すことが書かれるんだとわかる。そうすることで、どういった類の文章かわからずに読むことが減りストレスも低減する。全部の段落でやる必要はなく、適度な塩梅で入れるのが秘訣だ。

このCMは1989年に制作されている。筆者は13才であり、恋に勉強に大忙しの多感な中学生活を送っていた。

そして、この1989年は、例えば今のようにインターネット網が発達している社会情勢であった場合、間違いなく「1989年やばすぎw」とネタ的に語られるであろう、様々なことがあった激動の年でもあった。

まず、昭和天皇崩御により、昭和という時代が終わり、平成という時代が始まった年でもあった。ゲームボーイが発売され、手塚治虫先生が死去し、中国では天安門事件が起こった。ベルリンの壁が崩壊し、冷戦の終結が宣言された年でもあった。とにかく、世界的にみて大きな事件が起こった年でもあった。

そんな世界的に大きなうねりを伴った激動の時代にあってこのCMは作られたわけだが、そんな世界情勢以上に激流に晒された中でこのCMは作られている。

それは「国鉄民営化」だ。正式には「国鉄分割民営化」という。簡単に言ってしまうと、それまで日本国有鉄道（国鉄）だったものをJRとして、6つの地域別の「旅客鉄道会社」および「貨物鉄道会社」に分割し、経営を民営に移行したものだ。

引用：89' 牧瀬里穂のJR東海クリスマスエクスプレスのCMが良すぎて書き殴ってしまった（さくマガ）

テーマや文字数などの制約は、筋トレの「いい負荷」になる

インターネットの発達により、一般人が文章を書いて発表する機会が爆発的に増えた。けれども、それと同時に誰かにその文章を修正される機会は減少している。

紙の雑誌などに文章を書く場合、担当編集がついて文章を修正するし、校正なども入る。

個人のブログや note などが台頭するようになると、その機会はめっきりと減少していった。稀に担当編集がついたブログや note が書かれることもあるけど、やはりそれは少なく、ほとんどが著者以外の手が入ることなく発表されていく。

もちろん、それは悪いことではない。ただ、文章力の向上という観点から見ると、べつに編集でなくてもいいのだけど、誰かに文章を修正される機会が重要となってくる。

そもそも、誰かに送るメールやメッセージも文章を修正されることはほとんどないは

ずだ。就職して、ビジネスメールの書き方を研修で教わるときくらいのものだろう。こんなにも文章が溢れる世界なのに、それが修正される機会はめっきり減っている。

誰かに書いたメールを他人に読まれるのは恥ずかしいことだけど、「こういう書き方すると誤解されちゃうよ」「せっかくいいこと書いているんだから、こう書いたほうがグッとくるよ」などと修正してもらったほうがどれだけいいことか。それだけ、文章を修正される機会とは大切なのだ。

前章の「書けないという絶望」のところで、文章力の向上のために100パターンの文章を書けるようにする、という手法を述べた。

偉そうにああ書いたが、僕自身が「よし上手い文章のために色々なパターンを書けるように訓練するぞ」と気づき、実践したわけではない。

それには、**僕の大学時代の経験**が大きく関係している。

僕は、大学では理系の学部に所属していた。そこでは4年生ともなると研究室に配属され、卒業論文を書くための研究に取り組むことになっていた。

僕が配属された研究室の教授は穏やかな人格者であり、実験の指導も丁寧で尊敬に値する人だった。いわば恩師と言っても過言ではないだろう。

ただ、この教授が文章に関してだけは修羅のように厳しかった。どうかしていた。

理系なので、例えば構築した理論だとか、実験結果だとか、そこから展開する考察など、理系的な要素に厳しいならわかるけれども、なぜか文章に厳しかった。

卒論の発表前や中間発表の前になると、その研究内容をA4用紙1枚にまとめた研究要旨というレジュメを作る必要が生じる。当日はその要旨を見ながら居並ぶ教授どもが学生の研究発表に関して鬼のような質問をぶつけてくるのだ。

いま思い出してもこの要旨の規定は厳しかった。A4用紙1枚、と鉄の掟で決まっていたし、余白や文字数や行数も固定。今でも覚えている。文字フォントはMS明朝で大きさ10・5 pt となっていた。これがまあ、実際にやってみると実に厳しい。

ぎっしり文字を書いたとしても2000文字も書けなかったと思う。そこに研究の背景、目的、実験方法、実験結果、考察、さらには参考文献まで書かなければならないのだ。おまけに理系なのでその研究結果には必ずグラフなどの図表が入ってくる。書ける文字数はそう多くないのに、あらゆることを書かなければならない状態に陥るのだ。

それでもなんとか頑張って完成させ、教授に提出すると、最初はほとんど見てもくれないのだ。

「もうちょっとよく考えてみよう。研究の大きな流れがわかってないね」

みたいな指摘をされて返ってくる。何が悪いのかもよくわからず、自分なりによく考えて修正し、提出する。それでもまだまともには見てもらえない。

「よく考えてみよう」

と10回くらい突き返されるのだ。何が悪いのか、何が足りないのかは教えてもらえない。ここで初めて、何が悪いのか、何が足りないのか、自分の研究、やってきたことに深く向き合うことになる。最終的には哲学めいた領域まで思想が飛躍する。

そうして、おぼろながら自分の研究みたいなものが見えてくると、そこで書く要旨の内容も本質的なものになっていく。そうなると教授もやっと文章を見てくれる。ただし、そこもかなりの難関だ。

「○○について触れていない」
「△△について説明が必要」
「□□の考察が抜けているのでは」

提出した要旨に赤ペンでそのような指摘が書き込まれる。もちろん、これらの指摘をクリアすること自体はそう難しいことではない。自分がやっている研究なのだから、説明しろと言われればいくらでも説明する。けれども、スペースがないのだ。もうそれを書くだけのスペースがないのだ。小さなA4用紙はもうギチギチのミチミチなのだ。

前述したように、要旨にはめいっぱい文章と図表が書かれている。これらは絶対に省略できない要素だ。そこにさらに上乗せで教授が指摘する内容を書かねばならないのだ。そうなると、既存の文章の言い回しを変えてなんとか文字数を圧縮する必要が出てくる。この一文は果たしてこの表現でいいのか、もっと別の言い回しで省略できるのではないか。ここが行きすぎるとまた教授の指摘が入る。

「省略しすぎで意味不明」

どうしろというのか。もう無理だ。**狂ってる。**

理不尽だと感じつつも、文字数、内容、研究発表の場としておかしくない言い回しと情報量を考慮して文章を考える。それこそ、たった一文に数百通りの文章を考える作業がはじまる。そう、**100パターンの文章**だ。僕はこうして、文章のパターンというものを強制的に意識させられるようになったのだ。

教授との往復書簡は最終的には数十回、ときには三桁に届きそうなときもあった。**たった1文に向き合って文章を考える。ただただ考える。**それだけを繰り返していた。

我が研究室の伝統としては、この種の往復書簡については早めに諦めの境地に達し、時間切れを狙うのが一般的だった。

この要旨には締め切りがあるので、ある程度、のらりくらりと修正していれば時間切れとなって教授が折れてくれるのだ。みんなその手法を採用していた。あまりに諦めが早いと教授の怒りに触れるので、いかに良いタイミングで諦めるか、そんなチキンレースの様相《ようそう》を呈していた。

けれども、僕は諦めが悪かった。みなさんお気づきだと思うが、僕は諦めの悪さと執念が突出しているのである。

諦めではない正当な合格、発表の日までにそれを勝ち取ってやる。本当の合格を目指したのは研究室の長い歴史の中で僕だけだった。本当に僕は諦めが悪いのだ。

何度も何度も教授に提出しては、修正されて返ってくる。追加で書かなきゃならない内容も増えてくる。省略もできない。どうやって1文字を削るか、どうやったらわかりやすい文になるか。そんなレベルで文章のパターンを考えていた。

諦めなかった僕が、のちに「第三研究室の奇跡」と呼ばれる事件を起こすこととなる。

その前日に教授から修正されて返ってきた要旨には、もうほとんど修正点がなく「及びという表現はあまり研究報告で使わないし不要な漢字なので「および」に修正する」という1点だけしかなかったのでまさかとは思ったが、その次に返ってきた要旨には赤ペンで大きくこう書かれていたのだ。

「合格」

勢いよく書かれたであろうその文字は、さらに勢いよく丸で囲まれていた。

「ついにやりよった!」

その文字を横から覗き込んで研究室のヌシみたいな存在の大学院生が叫んだ。

時間切れではない本当の合格、研究室初となる快挙だった。そこまでの教授との往復書簡は数えていたわけではないが、三桁には達していたと思う。

そういった偉業達成的な喜びは確かにあったけど、僕にとってもっとも興味深かったのはその完成品だった。時間切れではない正真正銘の合格をもらった要旨は素晴らしいものだった。修正されたすべての点が納得であり、最初に自分が書いたものと比べても内容の充実度、文章の読みやすさ、すべてが完璧な域に達していた。それでいて規定どおりの文字数に収まっている。つまり、あれだけの修正が嫌がらせでもなんでもなく本当に納得いくものだったのだ。

そういった、負荷のある状態で文章を考え、三桁を超える回数の修正を行うという異常な躾《しつけ》を受けているわけで、そこから僕の筋トレ的な鍛錬方法が生み出されている。

さて、ここで言いたかったのは「適切な修正を入れられる優秀な指導者や師匠、編集者に出会って修正されなさい」ということではない。
ご両親でもいい、恋人でもいい、友人でもいい、とにかく誰かに読んでもらって修正される機会を大切にしなさいということだ。

侍魂《さむらいだましい》という伝説的なテキストサイトがある。そこには伝説的なバズ（当時はそんな言葉は使われていなかったが）を引き起こした「最先端のロボット技術」というテキストがある。いわゆる「先行者」だ。

これは多くの人に読まれることとなり、多くのフォロワーを生み出した。こんなおもしろいもの僕も書きたいと、多くの人がテキストサイトを始め、ブームが始まったのだ。テキストサイトの歴史を語る上で、侍魂以前と以後に、先行者以前と以後に明確に分けられるといっても過言ではない。

その侍魂の管理人である健《けん》さんがどこかでインタビューに答えているのを見たのだけど、健さんはこの伝説的なテキストを作ったとき、それを周囲の友人に見せて、ここの反応が悪いな、ここちょっとひっかかってるな、わかりにくい表現だったかも、と何度も修正を入れたらしい。それだけ第三者の修正を重要視し、あの伝説的な文章を生み出したのだ。

もちろん、文章の師匠みたいな人や編集者などのほうが、経験があるぶん適切な修正を入れられるだろう。ただ、そこまでいかなくとも修正される機会は作ろうと思えばいくらでも作ることができる。

その修正が少し遠回りになることはあるかもしれない。例えば、友人に修正を依頼し、ちょっと的外れな修正をされたとしよう。基本的にその的外れな修正は、自分の文章が引き金となって起こっている。ここにわかりにくい表現があるからこんな的外れな感じになっちゃうんだな、という感じだ。的外れな修正をされた場所でなく、その原因の場所を直せばいい。だから修正される機会は大切にしなければならない。

書いたものを修正されるというのは、自分自身を否定されたように感じることもある。あまり嬉しいものではないかもしれない。

ただまあ、本当に嬉しいのは、自分が書いたものがまったく修正されなかったことではなく、わかりやすくなって誰かが楽しんでくれたときなので、そこはもう受け入れるしかない。

「誰が書いたか」をみんなが気にする時代

さて、ここまでは書いたものを届かせるため、最後まで読まれるために読みやすい文章のテクニックについて取り上げてきた。言うなれば表面的な部分だ。ここからはもっと本質的な部分に踏み込んでいく。届かせるためには、つまり読まれるためにはどういった意識を持つべきなのかという点だ。

本当に身も蓋《ふた》もないことを言わなければならず、とても苦しいのだけど、言ってしまう。書いたものを届かせるには、本人がどう思われているのか、という部分がかなり大きい。

例えば、会社においてもその人のキャラクターってものがあり、メールでなにか無茶なお願いをしたとしても、まあ仕方ないかな、と受け取られる場合と、なんて無礼なやつだと受け取られることがある。それは本人のキャラクターに拠るところが大きい。

特にインターネットの文章はそれが突出しており、**書いている人との親和性があまりに高い。**言い換えると、作り手と作品がかなりのレベルで融合しているのだ。定食で出てきてもおかしくないくらい融合しているのだ。

よく、芸能人なんかが大麻とかで逮捕されたときに、それまで出演していた作品の扱いが問題になる。作品と人物はリンクしているのか、それならば逮捕された人間が出ている作品を流すべきではないのでは。この、人物と作品を同一視する現象は、テレビ業界などではかなり慎重に扱われている。やはり作品と作り手はリンクするのだ。

まず、文章においては、個人の感情を出すことが多いとすでに述べた。さまざまな表現を使いながらも突き詰めると書き手の感情に行き着く。基本的にはそれしか提供できる情報がないからだ。だから他の表現手法より個人と成果物が密接にリンクしてくる。

身も蓋もない言い方になってしまって申し訳ないがこれは、**クラスで人気のひょうきん者**に近い側面があるのだ。

森田まさのり先生の『べしゃり暮らし』という漫画がある。これは学校一のおもしろキャラで学園の爆笑王を自負する主人公が、元芸人の相方と出会い、お笑い界に切り込んでいくというストーリーだ。その中で、主人公コンビがはじめてM－1の予選（作中ではMNCという名称だがM－1そのもの）に挑戦するエピソードがある。初めての舞台をやや舐めてかかっていた主人公は、あまりのウケなさに戸惑う。学校では爆笑王で何を言ってもウケるのに、この舞台で客の反応は冷ややかだ。戸惑いは焦りに変わり、ついには舞台を放棄してしまう。

ここでの主人公を取り巻く状況が興味深い。学園の爆笑王である主人公は、学校では何を言ってもだいたい笑いをとれていた。それは周囲が「彼はおもしろいヤツ」という認識を持っているからだ。おもしろいやつが口を開いたなら、なにかおもしろい言葉が出てくるに違いない、そんな周囲の状況ができあがっていた。

一方、M－1の舞台では、テレビなどに出ている有名なお笑い芸人が出てこない限り、基本的には何者なのかわからないやつらが出てくる。当然ながら「おもしろいヤツ」という先入観がないので、客の目は厳しい。

おまけに予選を見に来る客なんてかなりのお笑いマニアがほとんどだ。笑おうという心構えよりは、さあ、笑わせてみろよ、お手並み拝見、といった気持ちで臨んでいる。だから客の反応が悪かったのだ。本来は、ここで根気よくネタを続け、大きな笑いをとり、「こいつおもしろいやつなんだ」と認識させるべきなのだけど、時間の短い予選の舞台でそれは難しい。

実は、文章もそういった側面がある。

この人は、おもしろいものを書く人だ、という前提知識を持って読まれる場合、おもしろい場所を探しながら読まれる。その結果、そこそこおもしろいと感じれば「あーおもしろかった」となる。

この人はつまらない人だという気持ちで読まれる場合、粗《あら》さがしに終始されてしまうこともある。そこそこの出来であっても「いまいちだったな」となってしまうのだ。

本来は書いたものが独立して評価されるべきだけれども、それはかなり幸運な状況だと理解すべきだ。

好意的な姿勢で読まれるか、それとも否定的な姿勢で斜に構えて読まれるか、どちらか選べと言われたら誰だって前者を選ぶだろう。

では、どうすれば好意的に読まれるか。

それはもう好かれるしかない。

書いている人間が好かれるしかない。本当にそれしかないのだ。

なるべく好意的に読まれることこそ書いたものを届けるのに必要なことなのだ。それにはさまざまな手法で「おもしろいものを書く人」と認識される必要がある。それには一歩先に進んだ心構えが必要となる。それについて解説していこう。

言葉にならない感情には、あえて誤字を連発してもいい

書いた文章を読んでもらうには、より届かせるには、次のような表現手法を覚えてもいいかもしれない。

文章を書いているのに文章で伝えない。ちょっとトンチみたいになってしまったけど、これはなかなか重要だ。

文章で何かを伝えるとき、文章以外の要素のほうがよりよく伝わるのだ。それを肝に

銘じて書いてもらうと、また先に進んだ文章表現ができる。

WEBの文章は3行くらいの段落にまとめて書かれることが多いというところに立ち返ってみよう。

これらの様式は読みやすさと共に発展してきたのだけど、それじゃあ逆に、あえて圧を与える、つまり読みにくくしたらどうなるだろうか。そこだけ極度に目立ち、際立つのだ。

綺麗に3行ほどの段落がとんとんと続き、テンポ良く物語が進んでいったとしよう。そこで、著者の妄想がどんどん膨らんでいって歯止めが利かなくなったとしよう。

その暴走を表現するためにあえて段落のペースを破るのだ。

そこまで3行くらいの分量が守られていたのに、妄想が止まらないところだけ段落が20行にも30行にもおよぶ。ここで意図的に段落による圧を与える。おいおい、暴走しすぎだろと読み手に伝えることができるのだ。その部分は完全に文字の板となるし、読みやすさを放棄した形になる。けれども、妄想が止まらないと文字で記述する以上に妄想が止まらないことを読み手に伝えることができる。

下の例では年越しで長距離移動したことにより、椅子の幻覚を見るまでおかしくなっていることを長い段落で表現している。

あえて誤字を使うという手法もある。

文章表現をする以上、なによりも恥ずかしいので誤字脱字はあってはならない。けれども、それをあえてやる手法だ。

そこまで淡々と冷静に文章を綴っていたのに、クライマックスで自分の間違い、自分の置かれた状況などに気がつき、焦ってしまう表現をしたい。その場合に「とても焦ってしまって」と記述するより「ともてあせsdhでうしまて」と書き、その後の文章も焦りのあまりその文章中にボコボコと誤字が出てくる方が「おいおい、焦りす

この電車、逗子までいくらしい。逗子って神奈川県だろ。ぐるっと東京湾を周りこんでそんなところまで行くなんてとんでもない路線だ。

この辺の路線になるとかなり一般の人が増えてくる。千葉や東京の方面に行く人が大半のようだ。僕はというと、ここまで32時間くらいずっと改札内にいて電車に揺られているのでなんだか精神的に新たな境地みたいなものに到達しつつあった。

こうね、なんか目の前に椅子があるんですよ。僕は座席に座っているんですけど、目の前に椅子がある感覚がしてくる。樹脂製でね、スケルトンでビビッドなワインレッドの椅子があってね、オシャレなバーとかにありそうなやつですよ。脚が長いやつ。で、これが実際に触れるんですよ。手に感触があるんです。目には見えないのに触れるんです。確かにここに椅子があるんです。この曲線が手触りがよくてね、あ、ここに尻がくるように計算されてるんだなって分かるんです。その椅子がずっと目の前にあるの。立ってる人に「座りますか？　ここに椅子があるんですよ」って言いそうになった。

引用：140円のきっぷで2日かけて1,035km移動してみたら普通に地獄だった【年越し最長大回り】（SPOT）

ぎだろ」と読み手に伝えることができるのだ。

では実際にやってみよう。段落リズムの変化は縦書きの文章では使えないので、意図的に誤字を配置する表現を使った例を見てみよう。

それは威風堂々といった表現が適切だった。小学生にしてこの風格、正確には覚えていないけど、不知火《しらぬい》型の土俵入りだったように思う。対戦相手である小学生横綱みたいなやつ、まさに横綱といわんばかりの堂々の土俵入りだ。これは品位、風格ともに横綱にふさわしいと横綱審議委員会も納得だ。

「そっちはどっちがやるんだ？　まあ俺はふたり同時でもいいけどな」

小学生横綱は自信満々といった表情を見せた。

「ここはひとつ、お言葉に甘えて……」

おばちゃんに指名されたのは僕だけど、お相手がああ言ってくださっているんだ。ここは黒沢君と2人で戦おう。

「そんな卑怯なことはしない！」

黒沢君は小学生横綱に啖呵《たんか》をきった。いいかげんにしろ。かっこつけるのはいいけど、戦うのは僕じゃないか。

横綱サイドのオーディエンスが声を上げる。

「マサやんの殺人相撲、久々だな」

殺人相撲！

マサやんとは小学生横綱のことだろう、そいつは殺人相撲を生業にしているらしい。そんな小学生が存在することが恐怖でしかない。

「マサやん、対戦相手の肋骨を折ってから封印してたんだよな、殺人相撲。久々に見れるぜ」

肋骨！

オーディエンスの解説がいちいち絶望的だ。こいつガチで殺人相撲の使い手じゃないか。

「あわわわわわわわ」

足が震えるのがわたかああｔｔｓｈｊで。確実に殺しにきている。肋骨ですよ、どうなってんの。完全におｋさいい。

本当にやりたくないのだけど、おばちゃんは完全にテンションが上がり切っており、バキバキに瞳孔を開いた表情で行事の真似事のような動きを見せた。それを合図にオーディエンスが道路の真ん中に円形の人垣を作り即席の土俵が完成する。黒沢君も塩に見立てた「にがり」の粉末を豪快に撒いた。いよいよ待ったなしだ。

「はっけよい！」

威勢のいい発声とともに小学生横綱に向き合う。

「のこった！」

勝負は一瞬だった。人間ってこんなに吹き飛ぶんだ、と思うほどに豪快に吹き飛んだ。肋骨は折れなかったものの、鈍い痛みが全身を包んだ。

オーディエンスの熱狂は最高潮だ。しかしながら、戦闘モードに入ってしまった小学生横綱は止まらない。

「つぎぃ！」

完全に殺人スイッチが入っている。目がギンギンに極まっていて怖い。

指名されたのは黒沢君だった。

「え、うそだろ？　僕たちの負けだろ？」

焦る黒沢君。

「いくしかないよ、黒沢君」

道路に大の字になった状態のまま黒沢君に忠告する。

小学生横綱の鼻息が荒い。これはもう、もうひとり投げ飛ばさないと収まりそうにない。いよいよ待ったなしだ。

「はっけよい！」

あれよあれよと土俵に引っ張り出される黒沢君。

「のこった！」

これまた見事としか言いようがないほどに投げ飛ばされた。紙屑が舞い散るようだった。

「さあ、相撲をとったんだ、これでもう恨みっこなしだよ。仲良くうちの店を使いな！　約束できるなら全員にひとつ駄菓子をプレゼントしてやる」

またオーディエンスが沸き上がった。おばちゃんが完全にこの場を支配した。ぜんぶもっていきやがった。

おばちゃんがやりたかったのはこれだったのだ。相撲をとらせてノーサイド、あとは仲良くやりなってやつだ。

さきほどまでいがみ合っていた他校の連中と並んで座る。店先に置かれた木製のべ

めに、どう書くか

ンチでは足りないので、全員、軒下の地面にそのまま座った。

ヨーグルトともクリームともいえない謎の甘さを持つお菓子を木製のスプーンで掬《すく》って食べる。おばちゃんから全員に振る舞われた。

「すげえな、めちゃくちゃ気前がいい」

「これだけ奢ってくれるなんて最高の駄菓子屋じゃん」

オーディエンスは相撲に勝ったこと、憧れの駄菓子屋に入れたこと、お菓子を貰えたことでかなりテンションが高かった。

「すげえよな、いくら奢ったことになるんだろ。このお菓子がひとつ56円だろ、俺たちが21人いて、あいつら2人を入れて23個だろ、56×23だからえええっと」

「1288円」

僕が即座に答える。

「計算はえええええ!!」

また湧き上がる。おばちゃんの思惑どおり、すっかり打ち解けてしまった。

盛り上がる他校の連中。一方、僕らは少し元気がなかった。それは、相撲に負けたからではない。気がかりなことがあるからだ。

「まあ、谷岡君には黙っておけばいいんじゃない?」

そう、それも問題だった。おばちゃんの強権によりノーサイドにされてしまったけど、僕たちはこうならないように見張りをさせられていた。個人的にはどうでもいいのだけど、谷岡たち一派はこの状態を許さないはずだ。

「う、うん……」

僕の返事は浮かなかった。けれどもそれは、相撲に負けたことが原因でもなく、谷岡が怖いわけでもなかった。もっと別次元の事象が僕の頭の中を支配していた。

リミッターが切れた小学生横綱に投げ飛ばされた黒沢君。紙屑のように投げ捨てられたその刹那、一瞬だけ黒沢君のシャツがはだけたのだ。そこで僕は、見てはいけないものを見てしまったのだ。

「あのさあ、服の下の傷、どうしたの?」

彼のシャツの下には多数の痣《あざ》があった。それも相撲とは関係ない、ずっと古くからあるような痣が、パッと見えただけでも4つはあった。

「え?」

黒沢君は黙り込んでしまった。そして僕も黙り込むしかなかった。

書いたものは自分の唾ぐらいに思うのがちょうどいい

実際に文章を書きはじめると、どこかで必ず生じる感情がある。これは必ず通る道なので、もし、それがない場合はちょっと心配したほうがいい。

それが**「これって本当におもしろいか？」**という疑問だ。

この疑問はかなり正しい。むしろこれが生じない過程で生まれたものは疑ってかかるべきだ。なぜなら客観性を失いながら制作した可能性があるからだ。そうやって作られたものは往々にして多くの人に届かないからだ。

僕の周りには文章だけでなく、イラストや動画やトークや、さまざまなおもしろを繰り出すクリエイターが溢れている。それらの人々に共通するのが、客観性に優れている、という点だ。そう、おもしろを作るには客観性が重要なのだ。

お笑いを例にとって考えてみよう。小学校で確実に爆笑を勝ち取れるネタを持った児童がいるとしよう。体育会系のゴリラみたいな先生のモノマネだ。かなりコミカルかつ豪快に誇張し、ときにはドラミングの仕草を入れるなどして、そのゴリラ先生を演じる。あまりの誇張っぷりに友人たちは大爆笑だ。

どこにでもありがちなこの事象について理論的に考えると、笑いの前提には情報の共有が必要だとわかる。つまり、笑わせる方、笑う方、どちらもゴリラ先生という共通の知識がない限り、笑いは起きない。

笑わせるほうは「同じ小学校に通う児童だからゴリラ先生のことを知っているはず」という確信をもってこのネタをやっているわけである。笑う方も、期待どおり、ゴリラ先生の知識を持っているから笑うわけだ。この「知っているはず」という確信が客観性だ。これは信頼関係と言い換えてもいいかもしれない。

笑いには信頼関係が必要なのだ。

では、親戚の集まりにおいて、別の小学校に通う児童に会ったときに、同じネタが通用するだろうか。ここで客観性がないと、別の小学校の児童にもゴリラ先生のモノマネを披露してしまうのだ。受け取った方はそもそもゴリラ先生の知識がないので、それが果たして似ているのか、確かに動きはコミカルだけどそもそもそれはただのゴリラではないか、くらいの感想しか持たない。

客観性があれば、ゴリラ先生は同じ小学校の仲間にしか通じないネタなのでここでは通用しないと判断できるはずだ。

このように、おもしろさにおいては「それが受け手に共有されているか」という客観性こそが成否の大部分を占める。これが少しだけ形を変えて「受け手に通じるか」「受け手は理解してくれるか」と変化するが、根本として「ちゃんと伝わるか」という客観性こそが根底にある。

日常生活においてもこの客観性の喪失による悲劇は簡単に起こる。例えば、深夜のおセンチな気持ちに酔いしれてしまい、ちょっと気になる異性にポエミーなメールを送ってしまったとしよう。下手したら「君は月、僕は海、キラキラと輝く水面は君の光のおかげなんだね」みたいなことも平然と書いてしまうかもしれない。ただ、これは多分に客観性を失った状態だ。普通はこんなもの送ってもあら素敵とも思われないし、たぶんメールを読まれるのは朝だ。朝の身支度で忙しい時間に「君は月」とか言われてもなんだこいつとしか思われない。

いやいやまてよ、いまは深夜の雰囲気に酔っているだけだ、それに相手はもう寝ている、読むのは朝だ、と冷静に客観性をもって判断していればこのような悲劇は起こらない。

同じようにそういった客観性をもって自分が作り出したものを判断する必要があるわけだ。

ただし、自分の作ったものを圧倒的な客観性をもって断じることはなかなか難しい。なぜならみんな、自分に甘いからだ。

これはなにも「自分に甘くするな」「自分に厳しく」みたいな精神論の話ではなく、**みんな自分に甘くて当然**という立ち位置で考える必要がある。自己への許容という観点を理解せずに精神論に行き着くことほど馬鹿なことはない。

唾について考えてみよう。自分が分泌する唾のことが嫌で嫌でしょうがないという人はあまりいない。いたとしても絶えず口の中で分泌されていて飲み込んでいるので、やはりどこかで自分の唾を受け入れている部分はあるはずだ。文字どおり許容して飲み込むしかない、それが唾だ。

ただ、知らないおじさんの唾が好きという人はあまりいないはずだ。油ギッシュなおじさんがスプリンクラーのように唾をまき散らしながら迫ってくる光景を好意的に捉える人は少ない。いや、ほぼいない。

同じ唾であるのに、人のものについては嫌悪し、自分のものは飲み込むしかない。これは多くの事象で共通している。人間は自分に関するものはある程度、許容できるようにできているのだ。

これは自分が作り出すものも同じだ。漫画でも映画でもいい、アニメでもテレビ番組でもいい、誰かが作り出したものを享受するときは、人はそれがおもしろいかどうかを的確に判断できる。それが多少、世間の評価とズレることがあるかもしれないが、自分の中の基準に従って評価できるはずだ。

けれども、それが「自分が作り出したもの」となると途端に疑わしくなり、機能しないことがある。**自分のものは受け入れるようにできているので客観性が失われるからだ。**

そこで効いてくるのが「好きではない」という事実だ。ここまで何度も強く言ってきたけれども、僕自身は文章を書くことがあまり好きではない。それは苦しいからだ。好きでもないのに作り続けているわけで、そうなると自分が作り出すものにもかなり懐疑的になってくる。懐疑も懐疑、疑心暗鬼もいいところで、自分が作り出すものがいいものであるはずがないと確信をもって書いている。

だから、ずっと客観的な視点になる。いいものであるはずと信じていないので、とにかく**「これは通じるのか」「これは共有できるか」「これっておもしろいのか」**と考える。そんな不安ばかりだ。おそらく人の3倍は考え、不安に思っている。この世でいちばん自分を信じていない、それが自分だからだ。

だから、これっておもしろいんだろうか、これって通じるんだろうか、これって理解されるのか、みたいな疑念は何度も生じる。そのたびに作り直して、また作り直して、それを経てできたものもまだ信じていなくて、これはいけるぞ、と確信をもって世に出したことがない。

そろそろいいかと妥協をもって出し、それが誰かに評価されることもあれば、バズることもある。誰かの心を動かしたりもするけれども、それでもまだ信じていない。たぶん最後まで自分と自分が作ったものを信じていないのだろう。

それは、とても良くないことだと自分でも理解している。客観性が強すぎるのだ。本来は自信をもって創作に臨むべきだ。けれどもできないのだから仕方がない。ただ、それは悪い面ばかりじゃなくいい面もある。

自信がないからこそ、疑っているからこそ何度も何度も考える。

適当に書いてればいいだろ、みんな褒めてくれるだろ、というモチベーションで何かを作ったことがない。**ただ、ひたむきに、自分を疑いながら作っている。**

「これおもしろいか?」

製作途中でその問いが生じるほどに、作ったものは疑ってかかるべきだ。その問いこそが良いものを作り上げるのである。そしてそれはいつしか、届きやすい状態を作り出すことにつながる。

すでにこの本もここまで書いて4度ほどこの感情が生じている。だからきっと良いものになるはずだ。

ただ、この客観性については、僕はおそらく他の人よりもかなり深刻に考えている節がある。それは僕の性格に起因する部分が大きいのだ。そう、僕は幼い頃から客観性が強かったのだ。

熱狂的なゴリラっぽいモノマネだ。相撲を通じて和解した僕たちに対し、連中がおもしろいモノマネを見せてくれると宣言した。

どうやら向こうの学校においていちばん怖い先生のモノマネをしているらしい。定番のネタのようで、小学生横綱をはじめとする他校の連中は大爆笑だった。ただ、僕らにはそのおもしろさがちょっとわからなかった。

その理解できないモノマネとはべつに僕たちは沈んでいた。

「なんでもない」

黒沢君は少し語気を強めて言った。その静かでいて強い言葉からは、普段の大人びてクールなイメージとは程遠い剝《む》き出しの感情みたいなものが感じられた。

「なんでもないことないでしょ……」

僕は焦っていた。あまりに黒沢君の反応が重かったからだ。触れてはいけない部分に触れてしまったように感じたし、そうであってほしくないと思っていたけど、この反応からそうであるとしか思えなかったからだ。心がざわついた。

「転んだだけだよ」

それは明らかに嘘だとわかった。さすがに転んだ怪我とそうでない怪我を見分けることぐらいはできる。

めに、どう書くか

「でもさ、それは明らかに……」

僕の言葉を遮るように黒沢君が口を開く。

「それ以上は言わないでほしい。また……」

黒沢君が俯く。僕もまた俯いた。これ以上、立ち入ってはいけない気がしたからだ。

その後、黒沢君とは普通に会話をした。どうやって谷岡を誤魔化すか、そんな話をしたと思うけど、お互いに心ここにあらずといった感じだった。

他校の連中と別れ、それぞれの校区に向かって歩いていく。しばらくして、黒沢君とも別れて一人で歩きだした。その足取りは重かった。黒沢君の言葉の意味を考えていたからだ。

「また……」

黒沢君は言わないでくれと言ったあとに、そう付け加えた。ただし、そこから言葉を続けなかった。なにが「また」なのだろうか。

「よう、大丈夫だったか?」

そんな重い足取りの僕の前に、本日、三度目となる南海ホークスが能天気に登場してきた。この人はどれだけ町内を徘徊しているんだ。

「心配だったか？　こころ配りだったか？」

酔っぱらいは話題の切り替わりが苦手だ。まださっきまでの流れを引きずっている。普段なら、もうその話は終わったの、みたいに冷たく斬って捨てるのだけど、いまの僕にそれはできそうにもなかった。

「わかんないですね。心配なのか、うん、心配なのだろうと思うんですけど……違うのかな……」

そのあまりに重い反応に、ただならぬ気配を感じたのか、南海ホークスが深く帽子をかぶりなおした。

「なんかあったか？」

その言葉を受けてなのかしらないけど、ポロポロと涙が溢れてきた。

「どうしていいのかわからないです」

正直な気持ちだった。

僕は黒沢君が苦しんでいるのなら助けてあげたい。それは、こころ配りではなく、苦しむ黒沢君を見て自分が傷つくのが嫌、という利己的な心配かもしれない。その気持ちは正しいことなのだろうか。そして、触れないでほしいと言っている黒沢君の気持ちを無視して事を大きくすることも正しいとは思えない。けれども、それらを知らないふりすることも正しいとは思えない。もちろん、事の詳細を大人に、南海ホークスに知らせることすら正しいのかわからなくなっていた。そういう涙だったと思う。ボロボロと泣き出す僕を見て、南海ホークスは大きく深呼吸をした。そして、また帽子をかぶりなおす仕草を見せて口を開いた。

「なにがあったのかわからないけどよ、今日はさ、お前のいいところと悪いところを教えてやる」

南海ホークスは、だてに町内を徘徊しているわけではないみたいな説明を加えた。あちこちで子どもたちの姿を眺め、話をし、色々なことを知っていると豪語した。そのうえで僕のいいところと悪いところを教えてくれるらしい。

「お前はさ、強すぎるほどに客観性があるところがいいところだ」

いつも、それが正しいことか、それは人からどう思われるか、これが大変な事件を引き起こさないか、誰かが嫌な気持ちにならないか、誰かに迷惑をかけないか、そんなことを心配しすぎるほどに心配している。だから客観性があるという。

「だから悩んだり悲しんだりするんだろうな。それがお前のいいところだ」

いま僕が悩んでいるのは、客観性が強すぎるあまり、あらゆる方面に対して心配をし、身動きが取れなくなっている、ということを言いたいのだろうか。

「次に、お前の悪いところも教えてやる」

なんだろうか。整理整頓ができないところだろうか。それとも、忘れ物が多いところだろうか。

「お前の悪いところは、客観性があるところだ」

なにを言っているんだこの酔っぱらい、と一瞬だけ思ったけど南海ホークスは真剣そのものだった。

「客観性ってのは聞こえがいいけど、言い換えれば人の目を気にしてるってことだからな」

「お前はいつも人の目ばかり気にしている。それはクソだよ」

僕は自分自身でもけっこう客観性が強いと思っていた。それはいいことだと思っていたけど、そうでもないらしい。

「たしかに人の目を気にしないとさ、あの悪ガキ、谷岡だっけ、あいつみたいになるわけよ。でもさ、時には人の目を気にしないことも大切じゃないか」

「客観性はクソ……人の目を気にしない……」

「自分はどうしたいかだろ！」

南海ホークスの言葉、それを受けて僕はすぐに走り出した。

「僕は黒沢君を助けたい。たとえ迷惑がられようとも」

なんだかそれはとても晴れ晴れとした気持ちだった。

客観性は大切だ、けれども客観性はクソだ

僕はすぐに客観性とか言い出すのだけど、あえて言いたい。客観性はクソだ。

もちろん、表現の基礎として客観性は大切だ。最低限の客観性に基づいて表現手法を考えることは重要といえる。さもなければ支離滅裂なものができあがるだけだからだ。

けれども、本当のところ、誰かの心を震わせるものは客観性ではない。

なりふり構わない剥き出しの感情、

それこそが人の心を震わせる。

だから客観性はクソだ。こんど言い出したら殴ってほしい。それでも何度か、したり顔で客観性がどうこうと言うだろうけど、その度に殴ってほしい。

第1章において、自分の感情を紐解いていかなければならないと述べた。そして、僕らが表現するものは突き詰めれば感情であると解説した。

極論を言ってしまうと、僕らはある事象に対して「好き」「嫌い」という情報だけを伝えている。本来はもうちょっと複雑だろうけど、わかりやすさのためにこのままいこう。

ここで「〇〇が好き」と表現することにあまり意味はない。ただ、感情だけが羅列された情報は、その発言者自身によほどの影響力がない限り意味はない。その辺のおっさんがただ「美咲ちゃんが好き」と表明することに意味はない。ああそうですか、で終わってしまうからだ。

どういう状況があって、どういう理由があって、それが自分の中のこれまでの経験とどのように重なって、そういった理由で「美咲ちゃんが好き」ならば、一定の共感を得る。

商品紹介の文章についても考えてみよう。ただ「この商品がすごいと思う」と書いてもなにも伝わらないが、こんな開発エピソードがあって、こういう思いがあって、こういった理想を抱いて開発されたんですと記述することで伝わるようになる。

ここで大切なのはやはり客観性なのだろう。殴られるかもしれないがそれでもそう言うしかない。それに基づいて、文章力の鍛錬を行い、読みやすさを考えストレスのない文章を作り上げる。文字以外で伝えられる表現を駆使し、好意的に読んでもらえるよう、**認められなくとも、報われなくとも、ただ自分が信じるものを積み重ねていく。**

それはやはり「読み手からどう見えるか」という客観性に基づいている。けれども、それは基本であり、客観性で人の心は震えない。つかめない。極論を言えば、それらが極端に起こらないようにバランスを整えることが客観性だからだ。

だから、それらの基礎を押さえつつ、ある一瞬だけその客観性から飛び出す必要がある。これは僕がずっと22年間も伝えることを繰り返してきて得た結論だ。

作品例として二度目の登場となるが、Books&Appsに投稿した「Amazonで「鬼滅の刃」のコミックを買ってしまったのに、どうしても読み始める気になれない。」という記事がある。これは僕にとって少し特殊な文章だ。

この文章はSNSで数千件を超えるコメントを集め、同じく1000件を超える感想メッセージをいただいた。多くの人の心を震わせた文章といえるだろう。

この文章を書くまで、それこそ自分を題材にした文章を数多く書いてきた。そもそもテキストサイトの文章は自分を題材にしたものがメインだ。それこそ限りないほどに自分を題材にし、自分の感情を表現してきた。けれども、それはどこか客観的だった。

もしかしたらこれは書いている本人にしかわからない事象なのかもしれないけど、自分のことを題材にしていながら、どこか外から見ている雰囲気があるのだ。おそらく客観性が行き過ぎるあまり、読む人の目線を気にしすぎているのだろう。それは大切なことなのだけど、行き過ぎているのだ。読んだ人にどう思われるかばかりが剝き出しになって文章が紡がれている。僕はずっとそのスタンスで文章を綴ってきた。

そんなスタンスが、この「鬼滅の~」の文章で様変わりする。

実は、この文章を書く前、僕は軽い鬱病になっている。執筆活動ができなくなったのはもちろんのこと、布団から出られなくなり、一日中、死んだように過ごしていた。朝がくると絶望し、夜がくるとまた絶望した。

書かなければならない文章はたまっているし、さまざまな連絡が矢のようにやってくる。何もできずにただ布団にいるしかない自分が情けなかったし、怖かったし、悲しかった。

そこで自分自身の弱さだとか情けなさ、どうしようもなさを受け入れた。いいや、受け入れるしかなかった。

なんとか回復し、鬱病から帰還した僕は、自分が鬱病であったことをSNSで告白した。これは以前の僕からしたら考えられないことだった。客観的に見て、そういった作品とは別の場所の著者の状況、それも茶化せないような深刻な状況は告白すべきではない。かわいそうという気持ちが先行すると笑えなくなるからだ。WEBの文章は書いている本人とリンクしているから、かわいそうに思われては作品を楽しんではもらえないのだ。

けれども、自分の弱さを受け入れた僕は告白した。そして、こう宣言している。

「僕は今回のことで自分の弱さとか、ダメさとか、そういったものを受け入れた。だから、これからすごいものを書くと思う」
そうして書かれたものが「鬼滅の〜」である。

この文章は、読んだ人にどう思われるか、という部分を完全に捨てている。そして、いままでやっていた、自分のネタでもどこか外側から見ているという立ち位置を捨て、内側から見ている。アル中の母親などが出てきて、それまでの僕が書かない種類の文章になっている。言い換えると、自分自身の感情を震わせて書いた初めての文章だ。

なぜこれができたのだろうか。それは鬱病を経験し、初めて自分を見つめなおしたからだ。自分は客観性だとか言い、たぶん文章術の本を書くことがあればすぐに客観性だとか言いだすだろう。けれども、それは外から見た自分の感情で、本質的な感情ではない。**外からではなく、内から湧き出てくる感情を表現しなければ伝わらないと思ったからだ。**

結果として、それが多くの人の心を震わせた。
誰かの感情を本質的に揺さぶるのは、誰かの感情の揺さぶりしかないのだ。

客観性は大切だ。
けれども客観性はクソだ。

「美咲ちゃんが好き」という事象も、淡々と好きな理由や体験を客観性に基づいて表現していけば、整った表現ができる。伝わる。けれども心をつかんだりはしない。時には、美咲ちゃんへの愛を狂ったように語ることも必要なのだ。客観性を気にしない無軌道な表現、それこそ文字の板になろうとも、誰かが引いてしまおうとも

魂と感情を震わせて書け。
表現しろ。

誰かに届けるにはそれしかない。

あのおどろおどろしい洋館が目の前にあった。そう、黒沢君の家だ。

厚く重厚な灰色の雲がいつも以上に空を覆っていた。その洋館の佇まいはやはり不気味で、どこかくすんだ色合いだった。まるで色褪せた景色を何枚も重ね合わせた絵画のようで、それはどこか冬の到来を感じさせる寂しいものだった。

深呼吸をし、乱れた息を整える。まさに不気味だった。この門のところまでは何度か肝試しで来たことがあった。まさか、そんな場所に友人を訪ねてくることになろうとは思わなかった。

もともと洋館にはインターフォンなんてなかったのだろう。明らかに後付けっぽいボタンがつけられていた。

「はーい」

そのボタンを押すと、このおどろおどろしい洋館には似つかわしくない明るい声がドアの向こうから聞こえてきた。

「あら、お友達ね」

黒沢君のお母さんだろう。ドアを開けた女性は底抜けに明るかった。普通なら、明るいお母さんで楽しそうくらいにしか思わないけど、いまとなってはその明るさが怖い。

お母さんが二階に向かって呼びかけると、すぐに黒沢君がやってきた。

僕らはすぐ近くの公園で話をすることにした。

少しだけ強めの風が吹いて、それに煽られてブランコが微《かす》かに揺れていた。

僕と黒沢君はふたりとも押し黙ってその光景を眺めていた。どう切り出していいのかわからないからだ。

「こんどさ、ドラクエⅢが発売されるじゃん。みんな騒いでる。黒沢君はⅠとⅡはやった？」

いきなり本題に入れず、ドラクエの話題を切り出した。

「やったよ。絶対にⅢもやりたいよな」

また沈黙が周囲に停滞した。

「ただまあ、発売日に手に入れるのは難しいんじゃないかな」

今度は黒沢君が沈黙を破るかのように言葉を絞り出した。確かに、発売間近のこの熱気、徹夜で並ぶことが必須のような雰囲気があった。それは小学生にとってあまりに難易度が高かった。僕も黒沢君も、発売日には手に入らないだろうという諦めみたいなものがあった。

「ドラクエの勇者って世界を救うじゃん。人々を苦しめる魔王とかいて、それを倒して世界を救う。だいたいそうじゃん」

僕の言葉に黒沢君はなんどか頷いた。それを確認して続ける。

「あれってさ、なんであんなにも無邪気に世界を救えるんだって思わない？」

黒沢君は首を傾げた。

「勇者だから救うのでは？　王に命令されたから倒すのでは？」

ごもっともな返答だ。

「まあそうなんだけど、あれってさ、極端に魔王が悪く、全世界の人が苦しんでるみたいに描かれているけど、魔王のおかげで生活できてる人とかいるはずじゃん。潤ってる人いるはずじゃん。じゃないとあの世界が成り立たない。そういう人からしたら魔王を倒さないでほしいって思うんじゃないかな」

黒沢君はさらに首を傾げた。

「確かにそうかもしれないけど、それは圧倒的に少数で、やはり大多数は苦しんでるわけだから、魔王は倒さなきゃならないんじゃない？」

「それはそうで、悪の魔王は倒さなきゃならないんだけど、それってべつに世界の人を救うためってわけじゃないよね。だって倒さないでくれって思う人だっているはずだもん。その人にとったら勇者こそ悪だよ」

黒沢君は納得がいかないようだった。さらに続ける。

「本当のところは、自分が納得いかないから魔王を倒しているだけで、世界を救うってのは後付けの理由なんじゃないかな。勇者はたんに魔王がむかつくから倒したいんじゃないかな」

「なるほどね」

黒沢君は納得しつつも、なんで今になってこんな話をするのか、その意図が見えないで困惑しているようだった。

「だから、ドラクエの勇者はなんか無邪気に世界を救っているって思うんだ」

そこはまあ、ゲームの世界の話だから仕方ないとはいえ、僕は本当に常々、そう考えていた。

「僕は、こうやってさ、ある行動に対して誰かがどう思うか、誰かの目からどう映るかばかり気にしていた。それこそが客観性があるってやつで、いいところであると思っていたんだけど、それが悪いところでもあるらしい」

黒沢君が呟く。

「まだそんなに付き合いが長いわけじゃないけど、そういうところあるかもな」

真っすぐと黒沢君の目を見つめる。

「だから客観性を無視して言うよ。黒沢君が言わないでほしいと望んだって言うよ。僕はそうやって黒沢君が傷つけられたり苦しんでいるのがいやだ。助けたい」

黒沢君は俯いてしまった。少しだけ鼻をすする音が聞こえる。

僕も無邪気に世界を救おうと思う。少し頼りない小さな勇者が決意した。いま僕が救うべきその世界は、小さく何度も頷いた。

第3章

伝わらないという絶望

正しいだけが、書き方じゃない

書けないという絶望、届かないという絶望、それらと上手に付き合っていくエッセンスについてここまでの章で述べた。それらを踏まえて文章を書けば、かなり良いものが書けるんじゃないか、そう確信している。けれども、それだけでは不十分だ。なぜなら最後に大物の絶望が控えているからだ。

それが「**伝わらないという絶望**」だ。

これはあまりに巨大で深刻だ。

満足できるものを書いた、そしてそれを届けるための策を講じて、いくらかは届くようになった。そして、その先だ。伝わらないのだ。

本来、伝えたい何かがあって文章を書くべきだとは、この本の冒頭で述べた。そこに伝えたいことがあるのにそれが伝わらない。これはなかなか深刻だ。

けれども、少し考えてみてほしい。**そもそも「伝わった」とはなんだろう。**

こちらの意図や意思、主張が相手に理解された、これが「伝わった」なのかもしれない。それは「届いた」とそう変わりはない。情報としての文字が相手に到達したことを表しているにすぎないのだ。

けれども、僕は無意識に「届いた」と「伝わった」を使い分けている。こと文章を書くときに襲い掛かる絶望に関して、明確に「届いた」と「伝わった」を分けて考えている。

おそらくではあるけれども、「届いた」と「伝わった」の明確な違いは行動や考えが変わるところにあるのだろう。

人は何かを伝えるとき、相手に行動や考えを変えてほしくて伝えている。そうでなければやる意味がない。自己満足でそれをすることはあまりに不毛だ。やはり何かを変えてほしい。だから伝える。特に行動の変容を期待する場合が多い。なぜなら、行動だけが明確に結果が見える事象だからだ。

伝える人は「伝える」までが自分の領域だ。「伝わった」かどうかはわからない。けれども「行動が変わる」ことで、ある程度は「伝わった」と理解できるのだ。

「食事の時にクチャクチャやるのをやめてほしい」

恋人にそう伝えたとしよう。それ以外は完璧な恋人だ。それはとても不快だからやめてほしい。それが伝わり、あ、よくなかったねとやめる。これが行動が変わるパターンだ。

伝わらなかったパターンは、そう指摘されても、なんでクチャクチャやるのがダメなんだと行動が変わらず、あいかわらずクチャクチャクチャクチャ、何かの黒魔術のようにクチャクチャクチャクチャ。何かを召喚《しょうかん》する儀式なのかクチャクチャクチャクチャ。そうなると行動が変わっていないので伝わらなかったとがっかりするわけだ。

ここでは「クチャクチャするのは不快だからやめてほしい」と届いてはいるわけだ。けれども、本当にそれが不快だと理解できず、行動が変わらない。これこそが「**伝わっていない**」になるわけだ。

これを文章に置き換えるとどうなるか。それはもう、読んだ人になんらかの影響を与えるという部分に尽きるわけだ。読んだ人の中でなにかが変わる。その時でなくとも、そのあとであっても、ずいぶん経ってからでも、なにかが変わる。それが「**伝わった**」だ。

書いた文章を読んでもらった。これが届いた、になる。けれども、読んでもらえただけでは「ふうん」となる。これは伝わっていない。伝えたくて書いているのに伝わっていない。

では、どうやったら伝わるだろうか。

「心に残る文章」の条件とはなにか

これについては本当に正解がなく、伝わらないものはなにをどうしても伝わらないのだけど、ある程度は伝わりやすくすることはできる。**それは心に残るものを書くことだ。**

心に残らず素通りされるものより心に残るものの方が読み手の中で存在感を発揮し続ける。逆を言えば当たり前のことを当たり前のように書いてあるものは印象に残らない。

就職活動に用いるエントリーシートを考えてみよう。志望動機や自己PRがギッシリと書かれているやつだ。僕はこれらのエントリーシートを何百枚と読んだことがあるのだけど、基本的に**当たり前のことが当たり前のように書かれたものはまったく印象に残らない。**そんなものが延々と続く。「私の集団の中での役割は潤滑油です」と書いてあった時点で最後までの文章が想像できる状態に陥る。それよりは奇抜なほうが印象に残る。「私の集団の中での役割はナマハゲです」と書いてあったら、なんだって？　となるし最後まで読むし印象に残る。ナマハゲここでもってくるかとその日の夜にも思い返すだろう。そう、印象を残すのに必要なのは意外性だ。

すべての文章には伝えたいことが必要であり、そこに意外性までもが必要となる。意外性こそが人の心を揺さぶるのだ。

見た目もなにも普通の人が、そういう人がいるべき場所に立っている。おそらくそれはあまりに普通で記憶にも残らない。けれども、明らかに場違いなファッションをしている人や、明らかに異様な髪形をしている人がいたらどうだろうか。普通の格好であっても、クネクネとした動きをしていたらどうだろうか。そして、絶対に人がいないような場所に人が立っている。すべてのケースで印象に残り、記憶に残るだろう。

真っ当な主張が真っ当に書かれてあり、読む人は真っ当に受け止めるということは往々にして起こる。ただし、それはよほどのことがない限り印象に残らない。印象に残らなければ存在感を発揮しないので、伝わらない可能性が高くなる。だから意外性が必要なのだ。

ただし、それは単なる奇抜さであってはならない。何度も言っているように、奇抜さだけを求めると、意味不明な逆張りや、心にもない主張をしてしまい、それらが意図しない結果を招くことがある。それよりなにより、伝えたい一心であってもその伝えたいことを曲げて奇抜さだけを追い求めたとしてもそれは完全に本末転倒でしかない。

エントリーシートの例で述べたナマハゲも単に奇抜であってはならない。ここでは「ナマハゲは悪い子はいねがぁ～とあえて怖い存在を演じて家庭に平和をもたらす潤滑油のような役割で」と潤滑油と同じことを主張していても、多分にナマハゲのほうが印象に残る。

伝えたいことは純粋に**自分の本心**に従いつつ、その見せ方で**意外**

性を出す。それがもしかしたら伝えるための秘策なのかもしれない。この章ではその手法や考え方について少し解説してみよう。

これは余談になってしまうかもしれないが、伝えるためにただ真っ当なことを表現し、そのまま伝えることは難しいのだ。

あのときもそうだった。

伝わらない、心の底からそう思った。

灰色だった空はすっかりと暗くなり、そろそろ黒と言い切っていいほどに公園に暗がりをつくり出していた。隅にあった心細い街灯が点灯をはじめ、電球が切れそうなのか、心許《こころもと》ないほどにその光が瞬いていた。それはまるで僕ら二人の行く末を暗示しているかのようだった。

僕らは意識的に「虐待」「暴力」という言葉を使わなかったし、黒沢君は誰にそういうことをされているのか、どういうことをされているのか詳細を言わなかった。

ニュアンス的には行き過ぎた体罰といった感じのようだったけど、やはりそれは虐待だった。

彼は言いたくなかったのだろうし、僕も聞きたいわけではなかった。ただ、あの痣や黒沢君の反応から、家庭内の誰かから暴力を受けているのは確実であったし、この現状をなんとか変えて彼を救わなければならないのは確実だった。

ただ、とても難しかったのは、昭和の真っ最中であった当時は、体罰と虐待の境目が曖昧だった点だろう。むしろ、現代ほど虐待がクローズアップされる時代ではなかった。

学校では忘れ物をしただけで殴る教師が多数いたし問題にもならなかった。我が家もそうだったけど悪いことをすれば親に殴られる。行き過ぎて痣が残るほどのこともしょっちゅうあり、地域的なこともあっただろうけど、そんな家庭は多かった。

黒沢君もちょっと厳しめの体罰くらいに思っていたし、僕もそう思う部分もあった。ただ、あれは行き過ぎていると思うし、なにより黒沢君が苦しんでいる。

「さっきさ言わないでくれっていったじゃん。あれはさ、また引っ越すことになるからなんだよ」

黒沢君の心の底にはこれがあった。彼はとても大人びていて冷静で常に的確だ。だからなにがどうなったらどうなるか、先を読んでいるのだ。

どうやら今までも何度か、そういった暴力行為が問題になりそうになったり、噂になったりしたことがあったらしい。家族はそのたびに逃げるように引っ越しをしてきたようだ。

「痛いくらいはいいんだよ。我慢すればいいからさ。ただ、さ、仲良くなった友達や見慣れた景色、せっかく与えられ全うしようとした委員の仕事、そういうのが一瞬で無くなってリセットされるほうが嫌だ」

虐待だと騒ぎ立てて、それが問題になり、また引っ越すことを怖れていた。

「でもさ、親なり市役所なり警察なり、そういうところに言わなきゃ解決しないいんじゃないかな」

その言葉を口にしながら、僕はなんて無力なんだろうと思った。

僕は黒沢君を助けると言ったものの、特に助ける力を持ち得なかった。先生なり役所なり、そういった力に助けを求めることくらいしかできない。ただ、黒沢君はそれを嫌がっている。そうなると何も打つ手がないのだ。

街灯の電球が本格的に寿命を迎えるようで、明滅の滅の時間が長くなり、暗闇の時間が増えてきた。

「でもさ、冷静に考えてそれしかないでしょ?」

なにをどう考えても、それしか解決の手段がないように思えた。それ以外の手法はなんら解決に結びつかず、ただの自己満足に終わる未来が見えた。だから黒沢君を説得するのだけど伝わらなかった。

「引っ越しだとかそういうのは僕も嫌だ。でも、そのときは嫌でも長い目で見ればそれしかなかったのかもしれない。小さな痛みを避けていて大きな痛みをさらに大きくしてしまってはダメだと思う」

いくら説得しても伝わらなかった。どんなに言葉を駆使しても黒沢君には伝わらなかった。彼は頑なに、そういった力を使わない解決だけを模索していた。

「津村君に聞いたんだけどさ、鎌爺《かまじい》さんを探すことってできないかな?」

その黒沢君が導き出した答えがこれだった。

「あの鎌爺さんを?」

それは黒沢君が住んでいる洋館の噂とともに僕らの間で都市伝説化していた噂だった。

桃太郎ではなく、あえて目立たぬ「キジ」を書け

人に伝えるため、文章で表現できる意外性について解説しよう。まずは、桃太郎のことを書くのに桃太郎のことを書かないという意外性だ。

小学生の読書感想文などでは、桃太郎を読んで感想を書きましょうと言われて、みんな桃太郎のことを書いたはずだ。僕らはそういった教育を受けているはずだ。

多くの人は、桃太郎について書いてくださいと言われれば桃太郎について書くはずだ。むしろ書かない人は完全に無軌道な人なので扱いづらくてしょうがない。きっと周囲からも疎まれているはずだ。

しかしながら、文部科学大臣なんちゃらみたいな、たいそうな賞をとっている読書感想文はほとんどそうではない。桃太郎のことなんか書いちゃいない。基本的に**桃太郎にかこつけた自分語り、**それが評価されるし賞を受ける。

読む人の心を動かす文章の正体はそこにある。

この世の中に、心の底から桃太郎を読んだ感想を聞きたいという人はそうそういない。例えば、これから人生で初めて桃太郎を読むので、ネタバレにならない程度にどういうものか知りたいという人がいるかもしれない。本当にそんな人がいるのか疑問だけど、そういう人は素の感想を読みたいと思うかもしれないけど、それは情報が欲しいだけであり、正確には感想を読みたがっているわけではない。

では、何が読みたいのかというと、桃太郎にかこつけた自分語りだ。桃太郎から刺激を受けて、君は何を物申《ものもう》したいのか、そういうものを読みたいし、読書感想文もそういったものが評価される。

絶対にありえないことだとは思うけど、ネットを中心に「桃太郎」が爆発的ブームになったとしよう。そうすると、いまや一般人もこぞって文章を書いて発表する時代なので、インターネットは桃太郎に言及する文章で溢れるようになるだろう。

ここで文章の意外性の重要度をわかっていない人は、いま話題になっている桃太郎を読みましたなどと宣言し、桃太郎のあらすじを紹介し、おもしろかったです、みたいな文章を繰り出してしまい、そのままネットの海へと消えていく。

少しだけ理解している人は、桃太郎にかこつけて自分を語るだろう。そしてそれを社会への痛烈な批判につなげていく。桃太郎と現代の善悪論みたいな感じで、果たして桃太郎は本当に正義なのか、鬼ヶ島を急襲《きゅうしゅう》して無残にも鬼を虐殺した。たぶん子どもの鬼とかも容赦なく殺したと思う。そこに慈悲はない。それを経て金銀財宝を村に持ち帰る。やっていることは強盗だ。盗賊だ。そんなことが許されるのか。そんな論点から現代の闇みたいな部分に言及していく。こうすると少し変わった桃太郎の感想となるが、前述したように、多くの人が書くようになった現状では、このスタンスで書く人も圧倒的に多い。

そうなった時に僕が取るスタンスは「桃太郎のことを書かない」である。ただ、桃太郎のことを書けと言われているのに本当に書かなかったら無軌道で扱いにくい人にしかならず、周囲からも疎まれるので、書くのだ。桃太郎のことは書くのだ。つまり、**桃太郎のことを書かずに桃太郎以外の何物でもない話を書く。**そうすると、少しだけ進んだ文章になる。

Books&Appsに寄稿した「深夜の歌舞伎町で「ジョーカー」を観ようとしたら、ホストと客の痴話喧嘩が始まった。」という文章がある。これはまさにそれだ。

この文章を発表した当時、世間では映画『ジョーカー』が流行しており、インターネット空間では空中戦のごとく、この作品に対する考察や論評が飛び交っていた。誰が上手いこと言えるか、みたいな『ジョーカー』大喜利の風潮がねっとりと漂っていたのだ。

そんな状況において、僕はこの文章で映画『ジョーカー』の内容を全く語らず、それでも『ジョーカー』以外の何物でもない話を展開している。

終電を逃してしまった週末の歌舞伎町。話題の『ジョーカー』でも見て始発を待つかと映画館に向かうと、ホストとその客と思わしき女性が痴話喧嘩を展開していた。それを眺める人々の思惑はさまざまで、それこそ2人の関係をみな、そうであってほしいという願望で眺めているのである。映画『ジョーカー』の感想や考察が人によって異なるのは、この映画はそういう映画であってほしいという見る人の願望が強く投影されるからだ、という展開だ。これは心理学でいう防衛機制の「投影」にあたる。自分の中の良くない感情を映画『ジョーカー』に投影して、そういう映画だと評している。それは自分の中の良くない感情を正当化する行為に近い。

終始、『ジョーカー』の内容に触れずにそれでも『ジョーカー』以外の何物でもない感想を述べる。こうすることでネットに溢れる『ジョーカー』論評の中でも少し毛色《けいろ》の違う論評として注目されるのである。

そうなると、桃太郎について書いてください、と言われたときに桃太郎に触れずに桃太郎以外の何物でもないものを書いていく必要があるのだ。

どういうものが考えられるだろうか。

例えば、桃太郎における報酬に着目してもいい。ご存じのとおり、桃太郎においてはお供として犬、猿、キジが一緒に鬼ヶ島に乗り込む。その報酬はきび団子だ。冷静に考えるとリスクと報酬が見合っていない。

やはり鬼の巣窟《そうくつ》に攻め込むわけで、ある程度は命のリスクがある。いや、かなり高い。それなのに犬、猿、キジたちは団子ごときでその命を投げ出そうというのだ。むしろ歌にもあるように「お腰につけたきびだんご、ひとつ私にくださいな」と、この不釣り合いな契約に自ら志願している節がある。依存性のあるヤバい成分でも入っているんじゃないか。

もしくは、これはやりがい搾取に近い形態じゃないか。クリエイターの世界にはこういった不釣り合いな景色が溢れている。どう考えても損しかしない仕事なのに、志願して飛び込む人が後を絶たない。そこで出されるエッセンスが「やりがい」だ。報酬や見返りを度外視してやりたいことに没頭する。それは素晴らしいことだけれども、それが横行するとどんな世界が訪れるだろうか。こうして桃太郎のことを語らず、犬、猿、キジの異質さだけに着目して物語を論じ、社会問題に触れていくのだ。

キジに着目してもいい。お供の中でキジだけは明らかに異質だ。犬も猿もそれなりに獰猛《どうもう》な部分があり、鬼ヶ島においても少しは戦力になりそうなのに、キジはなんか弱そうだ。鳥だ。鳥類だ。そこまで攻撃力も高くなさそう。戦うならせめて猛禽類《もうきんるい》くらいは欲しい。

それなのになぜ鬼ヶ島で行われた殺戮《さつりく》において戦力となり得たのか。このあたりを中心にねっとりと語るとおもしろくなっていく。

例えばFA制度を利用して各球団の4番打者ばかりを揃えた球団が振るわなかったことがあった。そんな事例から、強者ばかりを並べて失敗した事例などを自分の経験から語り、キジとはそういった強者ばかりのラインナップを避けるための存在だと論じればいい。そして、この文章を読んでいる人は弱者ばかりと決めつけて、君はそのままキジでいいんだよ、と優しく語りかければ、良い文章のできあがりだ。

とにかく、桃太郎を書くとき、桃太郎そのものを書くのはご法度《はっと》だ。桃太郎をだしにして自分語りや社会批判を入れ込んで合格だ。けれども、昨今の文章ブームを考えるとそれよりさらに先に進んだ、桃太郎を語らずに桃太郎を語る意識が必要なのである。それこそが人の心を震わす文章の土台となる。

特に桃太郎で何かの記事を書こうとするならば、キジに着目して書くべきである。記事だけに。

「鎌爺を利用できないかな?」

黒沢君はなかなかに厄介なことを言いだした。

いま思うと黒沢君は大人びているような印象が強かったけど、時折、子どもらしい一面を見せることがあった。実在するかも怪しい都市伝説めいた存在に救いを見出した。

鎌爺とは、口裂け女みたいな存在だった。一見すると普通の爺さんなのだけど、道端で遭遇すると満面の笑みで話しかけてくるのだ。

「おまえら、藁《わら》を持って帰れ。両親が喜ぶから」

どう考えても藁なんていらないのだけど、鎌爺さんはとにかくしつこいらしい。持って帰ると言うまでつかんだ腕を離さないそうだ。

仕方ないから、気持ちだけ藁を持って帰ろうかと藁の山に近づくと、鎌爺の形相が豹変する。

「藁ドロボー!」

突如として大声を上げ、鎌を振り乱して追いかけてくるらしい。都市伝説ながらなかなか香ばしい狂い方をしていらっしゃる。

その鎌を振り回して鎌爺に捕まった後の処遇は諸説あり、鎌で切り刻まれて藁にされるだとか、土の中に埋められるだとか、そのまま誘拐されて両親に身代金の要求があるとかだ。狂っているだけかと思ったら誘拐みたいなちょっと知的な行動もできるようだった。

黒沢君はその誘拐の部分に救いを見出した。

どうやらいま読書感想文を書くためにそういった本を読んでいるようだった。僕はというと早々に本を読むことを諦め、なにか雑誌の特集を丸写ししてやろうと企んでいたのになかなか殊勝《しゅしょう》だと思った。

黒沢君が読んでいた本のタイトルは忘れたけれども、なにやら誘拐事件がフックになったものだったように思う。黒沢君は物語の本筋ではない誘拐の部分に救いを見出した。

誘拐みたいな事件があって、それを通して問題のあった家族がお互いの大切さに気がつき、絆を取り戻していくというやつだ。鎌爺に誘拐され、家族になにかを気づいてほしいというのだ。ずいぶん遠回りだし、作戦の核となる部分が都市伝説的な存在というところが不安でしかない。

ただ、ちゃんと行政に頼るべきと伝えても伝わらないのだ。ここはまず、黒沢君のやりたいようにして、それでもダメだったとなってから伝えるべきだと考えたのだ。

「まあ、確かに鎌爺に関する情報は僕もたくさん持ってるよ。ただ、ひとつだけ問題があるんだ」

本当はひとつどころではないほどに問題がある。そもそも鎌爺は実在していない可能性のほうが高いのだ。そんなのがいたらさすがに警察に捕まっているだろう。

「どんな問題が?」

黒沢君は大人びた口調に戻っていた。

「鎌爺が出没するとされる場所、隣の校区なんだ」

伏線の回収は読む人へのご褒美

アニメ好きの人たちなどは伏線とその回収が凄まじく好きだという印象がある。鑑賞しているアニメにおいて伏線が回収されたときのネットでの興奮はかなりのものだ。ちょっとしたカーニバルくらいの騒ぎになったりする。それが伏線の回収だ。これらも読み手の心を揺さぶるのに重大な役割を果たしてくれる。

僕自身も、何らかの創作物などを楽しんでいるとき、華麗に伏線が回収されると気持ちがいいし、この物語を追い続けていてよかった、となる。自分が気づかなかった伏線をネットの感想などを見て気がついたとき、もう一度、鑑賞してみようかとなるので二度おいしいと感じてしまう。

さて、この伏線とその回収だが、作り手側から言わせてもらうと、**かなりコスパがいいものなので是非ともやるべきだ。**前述した通り、華麗な伏線と回収を入れれば読み手は喜んでくれるし、伝わりやすい。心を震わせるひとつの要因にもなるだろう。だからやるべきなのだ。

特段と言っていいレベルで効果が高いにもかかわらず、それ自体を作り出すことはそう難しくない。むしろ、簡単と言っていいくらいだ。こんなに簡単なのに効果が高いのだから使わない手はない。

なぜ伏線が簡単かというと、作った作品において作り手は神だからだ。神はやはり万能なのでどんな伏線だろうとお手のものなのだ。

緻密な伏線が敷かれていて、それが華麗に回収された、すげえ。と驚く人はあまりその神になったことがないのだろう。本来は逆なのだ。回収があって伏線を作るのである。それはそこまで難しいことではない。

伏線がすげえと驚くパターンは、本来は1つだけだ。週刊連載などで細切れに作品が発表されていて一気に作っていないときだけ、そこで序盤からの伏線が回収されたとき、先を見越して伏線を用意していたんだと賞賛できる。これは後戻りして伏線を仕掛けられないからだ。

一気に作り上げている作品は、神の力においていくらでも序盤を書き直せるので、あとから振り返って伏線を仕掛けることができる。だから簡単なのだ。

物語の終盤で唐突にこいつが裏切って敵だったらおもしろいかも、と思いついて、そういう展開にしたとしよう。そうなったら神は序盤に立ち返って、ちょっと怪しげな、あとから振り返ったらこれは裏切りの布石だったのか、みたいなセリフや行動を足すことができる。物語を読んだ人は、ああ、ここにこのセリフがあったのは裏切りの布石なのか、すげえ、となるが、なんてことはない、あとから布石を足しているにすぎない。

本来は緻密なプロットが先にあり、綿密に伏線が敷かれることが正当なやり方だ。けれども、このように回収が先にあり、あとから振り返って仕掛ける手法もある。

また、その時はこれが伏線になるとは考えていなかったけど、これを伏線にしてこういう展開はどうだろうか、とあとから伏線となるパターンもある。

この作り方もそう難しくはないけど、客観性が重要となる。なぜなら、**どの事象や言葉が読者の中に印象的に残っているのか理解できないと、せっかくの伏線が伏線として機能しない**からだ。

例えば、この本のはじめにのすぐ後につづく本文の五文字目は「静」という文字だ。こんなもん誰の心にも残っていない。いるわけがない。残っているほうが怖い。客観的に見ればそうだけど、それがわからずにそこを伏線にしてしまうと大やけどをする。

「そうさ、いつだって五文字目が静という文字なんだ」

と敵キャラに言わせても、みんな五文字目がそれだったと印象に残っていないので何が言いたいのかわからない。

「五文字目が静！　五文字目が静！　五文字目が静！　五文字目が静！」

これが伏線だと敵キャラに連呼させても狂ったとしか思わない。

勘のいい人がもしかしてと冒頭に戻って五文字目を読み、ホンマやとなる可能性はなくはないし、この種の伏線は気づいた人にだけ絶大な印象を残すので、あえてそうすることもある。けれども、それはもはや伏線というよりはクイズ大会に近い。

ただし、今こうして「五文字目が静」をクローズアップしたので、ここからはもう読み手の印象に残っている。**だからここからは伏線として使えるのである。**これが伏線における客観性だ。

だから、伏線をあとから作る場合は、なるべく読者の印象に残るようなギミックを用意する必要があるし、伏線ではなかった場所を伏線にする場合は、どの事象が読み手の印象に残っているのか見極める必要がある。どちらも客観性が大切なので、いかに冷静に自分が作り出したものを眺められるか、そこが重要となる。つまりなにごとも客観性なのだ。客観性はクソだけど、やはりどうしても要所では必要になってくる。また言ったので殴ってもらってもかまわない。

まるで伏線が回収されるかのように隣の校区と関わることになった。僕らが相撲で敗れ去った彼らだ。

「とにかく、明日、鎌爺を探しに行ってみよう」

そう約束をし、すっかりと闇に包まれた公園をあとにした。

次の日、学校が終わった後に黒沢君と落ち合った。

「まず、誰にも見つからないように隣の校区に入らなければならない」

もちろん、他校の連中に見つかるとまた騒動になるし、こちらの学校の人間にも見つかってはいけない。ただでさえ、昨日、駄菓子屋への侵入を許したばかりか、一緒に駄菓子を食べているところまで噂になっており、谷岡一派からスパイの疑惑をかけられているのだ。そんなときに隣の校区に出入りしている噂までたったら致命的だ。

「注意してな、見つかったらまずい」

昨日、相撲のあとに一緒に駄菓子を食べてわかり合ったとはいえ、まだまだわだかまりみたいなものは残っている。

そう注意を促したそばから、さっそく、見つかってしまった。境界線を越え、隣の校区に入って3分くらいのことだった。交差点で鉢合わせてしまった。

「あ、昨日の相撲の！」

どうやらオーディエンスの1人だったようで、すぐに誰かを呼びに行った。そして、すぐに昨日の相撲の再来かと思わせるオーディエンスが形成された。

「昨日の仕返しか」

その中心にいたのはやはり小学生横綱で、また相撲をとるならいつでも殺してやるぜ、といった表情を見せていた。

なんでなんだよ。きのうけっこう打ち解けたじゃん。相撲はきのうとったじゃん。とにかく、小学生横綱は相撲をとりたいみたいなのだ。とんだ相撲サイボーグだ。

「いやいや、そうじゃなくて、鎌爺を探しにきたんだ」

しっかりと説明をしないとまた投げ飛ばされる羽目になる。ただ、説明が難しい。

詳細は説明できないけど、鎌爺を探さなければならない。鎌爺に誘拐されることで僕たちは家族の絆を取り戻すんだ、これで納得してくれる人はいないだろう。絶対に伝わらない。

ただ、そう説明するしかなかった。

「詳細は説明できないけど、鎌爺を探さなければならない。鎌爺に誘拐されることで僕たちは家族の絆を取り戻すんだ」

絶対に伝わらない。

「いいだろう。手伝ってやる」

伝わった。

「なるほどな。あれだろ、家が貧乏で苦しんでいるんだな。たしか鎌爺には賞金がかけられているからな。それでご両親を喜ばせるんだろう」

伝わったけど間違った形で伝わっていた。

ただまあ、小学生横綱は基本的にいいやつなんだろう、オーディエンスにも手伝うように促し、一気に大捜索網がしかれることとなった。

「俺たちの学校で鎌爺が出ると噂される場所がさ、ここだよ」

僕と黒沢君は小学生横綱の案内で広大な田園風景の真ん中に3人で立っていた。

「なるほど、ここなら藁がある」

田んぼのあちこちには藁が積み上げられていた。

「薬がない場所には鎌爺も存在しないというわけか」

そんな会話をしつつも、やはり心のどこかでは鎌爺みたいな存在を信じてはいなかった。

「夕暮れ時にならないと出ないとかそういう噂もあるんだよ」

「まだ時間が早すぎるのかなあ」

「そもそも噂は聞くけど、実際に遭遇したってやつはいないいんだよな」

そう会話しながら歩く。前方から何かが歩いてくるのが見えた。

それはグレーの作業着でトータルコーディネートされた爺さんの姿だった。それがまっすぐとこちらに向かって歩いてくる。爺さんはなぜか「ＡＢＣ」とプリントされた手提げのバッグを持っていた。

「爺さんだ」

小学生横綱が呟く。

緊張が走った。

「まさか、そんなことないだろ」

その爺さんとすれ違う瞬間だった。

「お前ら、藁を持って帰らないか？　うちにあっても邪魔でな」

その言葉に僕らの時が止まった。

「鎌爺だ！」

「鎌爺だ！」

「鎌爺だ！」

確実に3人ともが心の中でそう叫んだ。

「え、藁ですか？　どうしようかな？」

黒沢君が答える。僕は心臓の高鳴りを抑えられない状態だった。表情を見るに、小学生横綱もそんな感じだった。

「なあどうする？」

僕と小学生横綱は完全にブルってしまっているのに、誘拐されることが目的の黒沢君だけがグイグイと鎌爺に対応している。

「じゃ、じゃあ、せっかくだしちょっともらって帰ろうか」

声が裏返ってしまう。

僕と黒沢君は鎌爺が指さす藁の山に近づき、そのうちの数本を抜き取った。

鎌爺は存在した。けれども、それは本当に藁を振る舞いたい爺さんである可能性が高い。さすがにここから鎌を振りかざして襲ってくることはないはずだ。何度も言わせてもらうが、そんなやつがいたらとっくに警察に捕まっている。

「じゃあ、帰ろうか」

その瞬間だった。

「藁ドロボー!」

あのABCの手提げバッグからかなり使い込まれた感じの鎌が飛び出してきた。

鬼の形相で襲い掛かってくる。

都市伝説は実在した!

とか言っている場合ではない。

「ギャー!」

「でたー!」

僕と黒沢君が大声を上げて走り出す。

「ほんとにでたーー!」

少し遅れて小学生横綱も大声を上げて走り出す。

鎌爺は僕らが大声を上げたことが気に入らなかったみたいで怒鳴り始めた。

「おまえら静かにしろ!」

そう言われても静かにできるわけがない。叫び声を上げながら逃げる。僕の前を走る黒沢君のポケットからハラリと1本の藁が落ちた光景を妙に覚えている。

「おまえら静かにしろ！　お、この言葉って五文字目が静だな」

鎌爺はよくわからない感じでお狂いになられていた。

「五文字目が静！　五文字目が静！　五文字目が静！　五文字目が静！」

正体不明の恐怖とはこのことか。僕らは一心不乱に走って逃げた。

僕と黒沢君は比較的に走るのが速かった。老人など簡単に置き去りにできる速さがあった。けれども、小学生横綱はそうではなかった。遅かった。

ヒーヒーゼーゼー言いながら追い付かれそうになっている小学生横綱を2人で引っ張る。なんとか、四丁目の駄菓子屋まで逃げることができ、鎌爺の姿も見えなくなっていた。

呼吸を整える。

「なんだったんだ、あの爺さん」

「捕まって誘拐されるつもりじゃなかったの」

「無理だって。あれは怖すぎる」

「だからさ、やっぱ真っ当にアプローチすべきだよ」

こんな遠回りで危険なことをするより、それなりの機関に訴えるべきだとまた主張した。それでも黒沢君は首を縦には振らなかった。やはり伝わらないのだ。

「あの爺さんを捕まえれば賞金なんだけどなあ。惜しかったな」

小学生横綱には鎌爺さんを探す必要があることは伝わっていたけど、間違って伝わっていた。

伝えるとはなんとも危うく難しいものだろうか。僕はそんなことを考えていた。

楽しませたいなら「多様性」を武器にする

文章力の鍛錬の章において、同じ事実を伝える文章であっても100通りくらいの表現を考えてみよう、という話をした。これは、さまざまな表現をする技術を手に入れると同時に、自らの文章に多様性をもたらすことになる。その多様性こそが文章表現において意外な効果をもたらしてくれるのだ。

100通り書こうと思うと、いつも自分が使っている文体だけでは追いつかなくなってくる。いつも砕けた感じの文章を書く人は、かしこまった感じの文体に手を出すしかないし、逆のパターンも十分に生じる。これらの文体はそのまま文章の芸風に通じるようになる。

いくらか書いている人には十分に理解できると思うけど、文章にはしっかりと

芸風

というものが存在する。そして、その芸風は多種多様だ。

この世の中に溢れる様々な文章を見てみよう。ざっくばらんとしたお笑い文章から、かしこまった文章、誰かを感動させる文章、ポエム、論文のような理論整然とした文章、週刊誌や新聞のニュース記事の文章、創作に使われる文章、旅の過程を記した文章、インタビュー記事、イベントリポート、これらはそのジャンルに応じた文章が必要となってくる。それが文章の芸風だ。

じつのところ、この文章の芸風、多種多様の形態を使える人はそう多くない。ほぼ1つの芸風で固定されている人が多いのだ。旅の記事で好評を博した人はそのまま旅行ライターとなって旅の記事ばかりを書くようになるし、コラムで好評だった人はコラムを

書き続ける。おもしろい話でバズった人は、そういったひょうきんな話を書き続ける。そして、インタビューを中心に行うライターさんはインタビューライターさんとして住み分けができているし、イベントレポートを行うライターさんや商品紹介を行うライターさんなど、それぞれに存在している。おそらくではあるけど、インターネットで好評を得た文章は継続してその系統の文章を生み出すようにできている。

それらの特化した芸風や住み分けはその分野でのプロフェッショナルということで素晴らしいことなのだけど、可能性を狭めることにつながっている。端的に言ってしまえば、**もっといろいろ書けたほうがいいよね、**ということだ。

僕は、WEBに生息するライターの中でもかなり特殊な部類に入る。これはよく指摘されることなのだけど、芸風が固定されていないのだ。ある意味、多様性のある文章を書いているのだ。

この本では、ここまでにいくつか僕の書いた記事を参考文献として例に出した。ほぼすべてが好評を博してWEBで評価されてきたものだ。そこで気づいた人もいるかもしれない。そう、それらの代表記事はあまりに脈略がないのだ。ジャンルに一貫性がないと言い換えてもいい。

コラム記事もあれば過酷な旅を記録した旅行記もあるし、お笑い系の文章もあれば、しっとりと心に訴えかける文章もある。小説よりの創作に近い文章もあればイベントレポートもやるし、レビュー記事や新聞に載る書評も書く、謎解きの文章も書いたことがある。もはや文章における何でも屋といってもいいくらい多種多様の文章を生み出している、それが僕の文章だ。

これはやはり、僕なりの文書鍛錬によるところが大きい。あれによってあらゆるタイプの文章が書けるようになっているのだ。

これができると何がいいのか。それはもちろん、多種多様な仕事の依頼がやってくるという点があるのだけど、重要なのはそこではない。**人の心を揺さぶることができる**のだ。

例えば、「みんなのごはん」というサイトに寄稿した「タコの刺身が好きすぎるので最高に合うしょうゆを100本の中から探してみた」という記事について考えてみよう。

100本のしょうゆを試すレビュー記事、確かに情報量として膨大だが普通はここまでバズらない。なぜなら、しょうゆに興味がある人、レビューに興味ある人などがターゲットになる記事なので、そこまで対象が多くないからだ。では、なぜこの記事はバズったのか。もうちょっと詳しく分析してみよう。

この記事は、100本ぶんのしょうゆレビューはよほど興味がある人でない限り読んでもらえないとあらかじめ見越して、読んでもらえるよう、ある仕掛けを組み込んでいる。

最初は「この味は、まるで同僚のS氏があの時に言ったセリフみたいだ」と、レビュー内の比喩として同僚のS氏が出てくる。しょうゆのレビューが進むにつれてちょくちょく例えとして同僚S氏やその恋人が登場してくる。いつしかそれらは大きな意味を持ち始めてレビューと同時に進む並行世界として同僚S氏と恋人の物語が紡がれていくのだ。

最終的にはレビューそっちのけでこの物語が大きなうねりを持って光りだしてくる。S氏の物語が読みたいがゆえに、しょうゆ100本のレビューも読んでしまうという仕掛けの文章だ。後半はレビューを読み飛ばして物語だけを読む人が多発したほどだ。

この文章の構成は確かに革新的だったが、もっとも重要なのはその文章の多様性だ。味のレビューを表現する文章と、同僚S氏と恋人の顚末をコミカルに描いた文章は全く性質が異なるものだ。**この両方の文章をある程度のレベルで書ける**ことこそがこの記事がバズった最大の要因だ。どちらかがダメだと、なんとも中途半端なものができあがってしまうのだ。

もっと見てみよう。インベスタイムズという投資を考えるメディアに僕が寄稿した「『アベンジャーズ／エンドゲーム』を心の底から楽しむために過去の21作品を48時間ぶっ続けで観た」という記事がある。

マーベル・シネマティック・ユニバース・シリーズ（MCU）と呼ばれるアベンジャーズ関連の作品、その集大成とも呼べる『アベンジャーズ／エンドゲーム』を心の底から楽しむために過去の21作品を48時間ぶっ続けで鑑賞するという記事だ。なぜぶっ続けで見る必要があるのか、小分けにして見ればいいじゃん、そもそもなんで投資のサイトにアベンジャーズのこと書くの、などと疑問は尽きない。もともと『アベンジャーズ／エンドゲーム』がすごくおもしろいらしいけど、それを心の底から楽しむにはこれまでの21作品を観ていないと難しいと聞き、エンドゲームのために21本も観る、それって投資じゃんという発想から始まっている記事だが、大切なのはそこではない。

こちらは、1作目からMCUシリーズの作品を鑑賞しながら映画のレビューを行い、それと同時並行で大学時代の合コンにまつわる物語が展開していく。最終的には合コンアベンジャーズのごとく、映画のレビューと物語が絡み合っていく。

ここでは、映画のレビュー、合コン物語が文章として書かれており、映画の概要を記した「あらすじ」の文章もどこかから盗んでくるわけにはいかないので自前で書いている。

映画のあらすじ、レビュー、合コン物語と**まったく性質の異なる3つの文章が、極度のバランスで絡み合って展開していく、**これも文章の多様性によって実現したものだ。

この文章はあまりにバズってしまったため、一時期はGoogleの検索サイト順位でアベンジャーズ公式サイトの次に表示される状態になってしまった。さらに、あまりにも凄まじい出来なものだから、アベンジャーズ公式が記事内で作品のパッケージ写真を使用することを許可してくれたのだ。

例えばレビューの文章しか書けないのなら、淡々と100種類のしょうゆをレビューする文章が並ぶはずだ。MCU作品をレビューする文章が並ぶはずだ。もちろん、それでもしょうゆマニア、映画マニアにはたまらない文章になるはずだが、広く届くかというとなかなかに難しい。

あらゆるタイプの文章が書けるということは、作品中に複数の要素を入れ込むことが可能ということだ。

これは後段でも解説するが、さまざまな要素が入り込むために文章に深みが増していくのだ。レビュー記事において淡々とレビューが書いてある。素晴らしいことだ。そこにレビュー以外の物語が入り込んでくる。そこが深みだ。そして、その一見して無関係とも思われる物語が意味を持ち始め、レビューの主体と絡み合ってくる。これが作品全体の深みだ。ただ無関係なものを混ぜ合わせたんじゃないですよ、ここがポイントなのだ。


ここで大切なのは、色々な要素を組み込むことが目的になってはいけないということだ。表現において、そういった複数の要素が必要と感じたときに勇気をもってやればいい。そのときに、できるスキルを持っているほうがいい。それだけの話だ。

できないからと表現を諦めることが最も悲しいことだ。そういった意味で、多様性のある芸風を身につけておくことは大切なのだ。

その道のナンバーワンでないなら王道は書かない

意外性の演出、それの一番の近道は**異端であること**だ。

僕は僕自身を非常に懐疑的に思っている。書く文章はそう良いとは思わないし、やることもなすこともそこまでおもしろいとは思わない。自分に自信がないと言ってしまえばそれまでだけど、それはちょっと違うなあと感じている。自分に自信はある。けれどもその自信を信じていないのだ。そう、**この世で僕がいちばん僕を信じていないのだ。**上手な言い方をすると自身を信じていない自信がある。なんか早口言葉みたいだな。

特に自分が作るものにはかなり懐疑的だ。ただ周りが喜んでくれるし、傑作だと褒めたたえてくれるし、心が動かされましたと言ってくれるものだから、そういうものなのかなと考えているだけだ。

その懐疑的な姿勢が、メディアに寄稿した際のスタンスによく表れている。現在ではほとんど自分のテリトリーで文章を書くということはなく、基本的に依頼されて他所のメディアで文章を書くことが多い。言い換えれば**ホームグラウンドを持たず、常にアウェー**という状態だ。そこで僕は常に自分に懐疑的だ。徹底して自分を疑って文章を書いている。

何度か登場してくるBooks&Appsというサイトには主にコラムを書いている。じつはこのサイトは大々的に公言されていないものの、基本的にはビジネス系のコラムサイトだ。ビジネスパーソンに向けた仕事への考え方や効率化みたいな文章が大半を占める。その中で僕は「鬼滅の刃を読み始める気になれない」「ストロングゼロが家に1000本届いたから味ごとにカップリングした」「足が速いだけのピノという生き方」「映画ジョーカーを観ようとしたらホストと客が喧嘩を始めた」という、とてもビジネス系とは思えない奇怪なコラムを連発している。

もうひとつ、さくマガというサイトがある。こちらはインターネット大手のさくらインターネットが運営するメディアで、Books&Appsよりもビジネス色が強い。ビジネスパーソンへのインタビューなどが居並ぶ中で僕が寄稿しているのは「鹿児島から青森まで全部のサービスエリアでラーメンを食べてきた」「ラーメン屋の店名に多く使われる漢字はなに？」というものだ。狂っている。ビジネスサイトだと知らずにラーメンサイトに寄稿しているんじゃないかと疑いたくなるほどだ。

これはあえて狙って奇抜なことをしているわけではないのだ。奇抜なことをすれば目立つからね、という思惑はほとんどない。ただただ、自分に懐疑的なのだ。

ビジネスサイトに寄稿する際に真っ当にビジネス系の文章を書いたとしよう。それってＰＤＣＡサイクル回しているの、みたいなことも書くと思う。そういった文章ができあがったときに、よし、これは他のビジネス文章に勝っているぞ、とは思わない。俺が書くビジネス文章がナンバーワンだとは思わない。自分に対して懐疑的なので、こりゃあかんな、となるだけなのだ。このサイトには**僕が書くものより素晴らしいビジネス文章があるのだから、僕があえて書く必要はない**と考えてしまうのだ。

だから僕はビジネスサイトに寄稿する際に真っ当なビジネス文章を書かない。もう足りているからだ。そのサイト内では異端ともいえる文章をあえて書くのである。

ただし、完全に異端であってはただ単に無軌道な扱いづらい人にしかならないので、そこには配慮が必要だ。真っ当なビジネス文章ではないのに、読み終わってみるとビジネス文章だった、とまでは言わない。**うーん、もしかしたらこの部分にビジネスの要素があるかも、くらいのエッセンス**でいい。そうすることでそのサイト内で唯一無二の価値を創出でき、印象にも残りやすい。それが誰かに伝わりやすくなるわけだ。

この異端であることは本当に徹底している。主に観光や旅行の記事を扱うSPOTというおでかけ情報サイトがある。ほとんどの記事が観光地の紹介など真っ当な旅行情報を扱い、旅の参考になりそうな記事が居並ぶ中、僕だけが「廃線を125キロひたすら歩く」「普通列車だけで日本縦断」「地獄のお遍路」「鹿児島から函館まで新幹線の全駅に降りる」と誰も旅の参考にしない過酷な記事ばかりを執筆している。これも真っ当な旅で勝負せず、異端な角度から勝負する手法だ。

たぶん、文章術の本を書くという事実に対してもそうするだろう。世の中には既に立派な文章術の本がたくさんある。単に文章技術だけでなく、バズりかた教えます、みたいな本だってたくさんある。そんな中で真っ当に文章術を記述せず、異端であろうとするかもしれない。異端な文章術の本を作る、**ただ文章術を述べるだけでない奇怪な文章術の本、**そんなことをする可能性だって十分にありえるのだ。

それは異端であったのかもしれない。

「なんだったんだ、あの爺さん」

「完全に狂っている」

「あれは反則だろう」

鎌爺の魔の手から逃れ、駄菓子屋で呼吸を整えていると、店主のおばちゃんが麦茶を振る舞ってくれた。

「わたしはねこの街にUターンしてきたんだけどさ、あの鎌爺さんの噂は昔からあったよ。当時は鎌おじさんって名前だったけどね、夏休み前になるとあの地区には近づくなってプリントが配られたもんよ」

衝撃の事実が発覚した。鎌爺さんははるか昔から同じようなことをやっていた。というか、昔のほうが若さもあってか、活発だったらしい。ずっと鎌を持って子どもを追いかけていて、年老いて、その頻度が減っていったことで都市伝説化していったらしい。

「あの人はなにをやりたいんですか？」

黒沢君の質問におばちゃんが少し考えてから答える。

「悪い人ではないのよ。なんでもね、畑や田んぼって水路があったりして危ない場所だから子どもたちが近づかないようにって考えているらしいよ。なにかそういう事故があったみたい。それからよ」

おばちゃん曰く、口頭で注意しても子どもたちは言うことを聞かない。それであんな風になったらしい。

「不器用な人なのよ」

危険であることを伝えたい。でもそれは伝わっていなかった。

「古池君みたいだ」

鎌爺の話を聞き、僕は古池君のことを思い出していた。まるで彼のような行動原理なのだ。

僕らの校区の真ん中には、「本町第三区児童福祉公園東地区第4緑地公園」という早口言葉としか思えない長い名称の公園があった。名称に2回も「公園」が入っているめちゃくちゃなネーミングだ。

公園自体はとても小さいもので、遊具も、滑り台とジャングルジムが合体した古めかしいものが1つあるだけだった。

その公園で遊んでいると、近くに住んでいる古池君が必ずやってきたのだ。

「おまえら、この公園で遊ぶのはつまらないぜ」

古池君は、いつもそうやって誰かに文句をつけるタイプの子どもで、早い話、けっこう嫌われていた。このときも、この公園で遊ぶのはつまらないと執拗に文句をつけていた。

「おまえら、この公園で遊ぶのはダサいぜ」

古池君は念を押すように付け加えた。

僕自身は、この公園のことを気に入っていたのでちょっと不愉快だった。そもそも遊ぶ公園をダサいとかダサくないで考えたことがない。

「ほっとこうぜ、古池のことなんて」

べつの友人がそう言った。他の友人もそれに賛同した。

「ダサいんだよ、この公園で遊ぶのは」

いくら無視されても古池君は執拗にダメ出しを続けた。

僕はその執拗さに少し興味を駆られた。

「じゃあ、ダサくない場所に連れて行ってくれよ」

古池君の前に立ってそう告げた。彼は明らかに狼狽した。

彼にとっては無視されるのが常で、こうして言い返されるとは思っていなかったのだ。

「この公園で遊ぶのはダサいんだって」

彼は明確な反論を持たず、ただただ、そういった類の妖怪のごとく、同じ指摘を繰り返した。

「だから、ダサくない場所に連れて行ってよ」

僕もなかなかにしつこい性質なので、同じ主張を繰り返した。

「わかった。ついて来いよ」

すると、ついに観念したのか、古池君がどこかへと移動しはじめた。

公園を出た古池君は、思いもよらない場所へと連れて行ってくれた。

そこは本町第三区児童福祉公園東地区第4緑地公園のすぐ近くにある廃屋だった。

引き続き公園で遊んでいた友人たちの声が聞こえたので、かなり近かったのだろう。

今にも崩れそうなその廃屋、これが古池君の家かと思ったが、そうではないらしい。

ただ、彼にとっては特別な場所である、そんなことを言っていた。

そこには、猫がたくさんいた。20匹はいただろうか、さまざまな大きさでさまざまな模様を携えた猫が、敷地内のいたる場所にいた。どうやら周囲の野良猫がこの廃屋に集結しているらしい。それらの猫たちは古池君の姿をみて明らかに色めきだっていた。

その廃屋には、猫だけでなく、その猫の世話をしているお婆さんがいた。近所でネコババアと呼ばれているその老婆もまた、古池君の姿を認めて、色めき立ち、ものすごい剣幕で怒鳴り始めた。

とうの古池君は、その老婆の怒号など意に介さないといった感じで廃屋を突き進み、奥のほうの物置みたいな場所まで案内してくれた。そこで初めて老婆の言葉が聞きとれた。

「また猫たちをいじめに来たか！」

老婆によると、どうやら古池君はここの猫たちをいじめるらしい。公園でだれかれ構わず難癖《なんくせ》をつけ、ここでは猫たちをいじめている。完全に問題行動だ。このあと猟奇事件とかに発展する気配すら漂わせていた。なんだか急に古池君のことが怖くなった。

「これをみてくれよ」

そう言って、錆びついた物置の引き戸を開けた。

そこには小さな猫がいた。

なぜかネコは右前足がなかった。もともとなかったのか、それとも事故かなにかで失って治療されたのか覚えていないけど、とにかく右前足がなく、極度にやせ細っていた。

「他の猫がこいつのことをいじめるんだよ。あの婆さんもこいつは生きられないからって餌をくれない」

古池君は優しく子猫を抱き寄せた。

その光景はなんだかとても優しいものに見えた。

「僕も抱っこしていい？」

そう言うと、古池君がゆっくりと包み込むような手つきで子猫を手渡してくれた。

実際に抱っこしてみると、思った以上にガリガリで、ゴリゴリとした骨の感触が伝わってきた。古池君が言うように、餌を貰えずにかなり痩せているようだ。

僕の手の中で子猫はブルブルと震えていた。その反応を見るに、どうやら公園から聞こえる子どもの声が怖いらしい。さっきから、声に反応してビクビクとしている。

もしかしたら、子どもの集団に追い立てられたことがあるのかもしれない。明らかに、公園から響く友人たちの声を怖がっていた。

そこでハッとなった。

だから古池君は公園で遊ぶのはダサいといちゃもんをつけにきていたのだ。なるべく子どもの声を響かせたくなかったのだ。

「もしかして、このために?」

僕がそう言うと、古池君は反射的に首を横に振った。けれども、そうであることは明白だった。

廃屋の猫たちをいじめたというのも、ネコババアに反抗的だったのも、すべてはこの猫のためだったのだ。

「それをちゃんと伝えてくれないと」

僕の言葉に、古池君はまた首を横に振った。

僕はなんだか妙に腹立たしかった。きちんと伝えないことで古池君が誤解され、ただ文句をつけるだけの存在と思われていることにだ。本当はこんなにも優しく、そしてそう行動することに正当な理由があったにもかかわらず、わけもわからず、文句をつけるだけの子ども、と思われていること、それに苛立った。

「ちゃんと伝えないと誤解されるよ」

もう一度、そういった。けれどもやはり古池君は首を横に振っていた。

伝えることはとても難しい。なにかを変えたくて、なにかを伝えようとする。そのときに伝わらないならまだしも間違って伝わることがほとんどだ。こちらの意図は伝わらないし、僕らは誰かの意図を正確に受け止められていない。

鎌爺もそうだし、古池君もそうだ。彼らは伝えたいことが伝えられず、間違って伝わっている。そして、いま僕も、そうなる可能性が高い。

僕らはやはり無力だ。正体不明の都市伝説に縋《すが》らざるをえないほどに無力だ。だから、黒沢君が置かれている苦しい状況を解決するには、行政だとか教師だとかきちんとした場所に頼るべきだと考えている。けれども、黒沢君はそれを良しとはしない。たぶん、親をかばいたい気持ちもあるんだと思う。

その中で、僕がずっとそれを主張し続けることは伝わらないどころか間違って伝わる可能性すらある。騒ぎを大きくし、黒沢君がこの街から出て行ってもいい、むしろ追い出したい、そう画策していると誤解される可能性だってあるのだ。

伝えることの難しさ、危うさ、怖さに直面し、思い悩んでいた。黒沢君もまた何かを考えているようだった。小学生横綱は、噴出する汗が異常なレベルに達したため、早々に帰宅してしまった。

黒沢君が切り出す。

「なあ、家出しないか?」

突拍子もない提案に、小学生横綱じゃないけど、僕まで汗が噴出してきた。

「家出って?」

「この街を出る」

黒沢君がなにを考えてそんなことを言いだしたのかわからない。けれども、けっこう名案かもしれないと思った。

物語は僕らを「予想外の場所」へと連れて行ってくれる

読み手の予想は常に裏切らなければならない。

なぜなら物語とは読み手を思いもよらない別の場所へと連れて行ってくれるものだからだ。


すべての文章は物語である。小説も、健康法の本もHow to本も、モテるためのホットドッグプレスも、誰かのブログも、君のnoteも、エッセイも、コラムも、大好きなあの子からのメッセージも、稚拙なラブレターも、美咲ちゃんの動画につけられた気持ち悪いコメントも、そして文章術の本も、僕にとっては、すべてが物語だ。いいや、

物語でなくてはならないと考えている。文章があればそこに物語が絶対にある。

「ワクワクしてまるで物語の中にいるみたいだった」

冒険小説を読んでそう思ったのなら、そうやって別の場所に連れて行かれている。

「自分の悲しい恋を思い出しちゃったな」

恋愛小説を読んでそう思ったなら、その恋を思い出した自分という別の場所に連れて

行かれている。

考えもしなかったことを考えるようになった。
自分の中の感情に気づいた。
知識がなかったけど新たな知識を得た。

すべてそうだ。だから、すべての文章は物語でなくてはならない。そして、その連れて行かれる場所は予想外の場所であるほどいい。

予想できる場所に連れて行かれるより、予想できない場所に連れて行かれるほうが、だいたい楽しいし、思い出になるからだ。ミステリートレインが楽しくないことなんてないからだ。

僕は文章を書くとき、これを心がけている。タイトルや冒頭の部分から受ける印象とはまったく違った場所に連れて行く。そうであるように心がけている。それが誰かの心を動かす秘訣なのかもしれない。

だから、文章術という体裁の本なのにぜんぜん違った何かが始まったら、最初は別のなにかが挟み込まれるような形式をとっていたのに、開き直って1章まるまる別の何かになってしまったら、これはもう読みはじめに予想していた場所と全く違う場所へと連れて行かれたとなる。

それの賛否は別として、僕は平気でそういうことをやる。たとえ「文章術かと思ったのに話が違うじゃねえか」と怒られようとも、そこにすべてを賭ける本があっても、べつに構わないのだ。

それも賭けだったのかもしれない。ただ、賭けにしてはずいぶんと乱暴なものだった。僕らの行動はぜんぜん理論的じゃなかった。

「家出をしよう」

それはいつも大人びていた黒沢君から出た言葉とは思えなかった。

僕らはなにかを解決するために選ぶ手段として家出を選択することがいいとは思っ

ていなかった。そこまでピュアではない。

子どもが家を出て知らない街で上手に暮らしていけるはずがなく、早々にどこかの街で捕縛されて家に帰される、それを心のどこかでわかっていた。解決策としての家出はとても非現実的なものだった。黒沢君もそれは理解しているはずだ。

それでも家出をしなければならないと言った。


これは僕の予想なのだけど、黒沢君なりのケジメなのかもしれなかった。黒沢君が置かれている状況を解決する、助けると僕は言った。けれどもそれは難しそうだ。ことを大きくせずに解決することは難しい。彼は諦めたのかもしれない。

解決を諦めた、けれどもこうして救おうとしてくれる僕に対するケジメとして家出を提案したのだ。きっと家出では何も解決しない。下手したら話が大きくなるかもしれない。けれども彼は僕に対するポーズとして家出を選択したのかもしれない。それはきっと賭けだ。解決するための賭けではなく、ポーズとしての賭けだ。

「ドラクエⅢを手に入れるためという理由で、この街を出ようと思う」

黒沢君は確かにそう言った。

近々に発売されるドラクエⅢをきっかけに家出をしようという提案だ。当時、好評を博したファミコンカセットであるドラゴンクエストⅠやⅡの続編としてドラゴンクエストⅢがとんでもないクオリティで発売されると話題になっていた。ファミコン雑誌などはその話題で持ちきりで、徹夜で並ぼうかという声もちらほらと聞こえてきた。メディアもこぞって取り上げ、子どもの視点からみても「狂騒曲」という表現が適切だった。

僕と黒沢君も当然、夢中だったが、これから家出をしようというのだ。当然、テレビもファミコンも持ち出せない。家出を提案するということはドラクエⅢを諦めるということだった。ただ、それにかこつけて家出をすることにしたのだ。

もともと隣の市のゲームショップに徹夜で並ぶしかないんじゃないかと相談していたけど、それはなかなかに難易度が高いので諦めている部分があった。ただ、家出となれば話は別だ。ドラクエⅢを求めて前の日の夜に街を出る。その体で家出をしてしまおうという作戦だ。

彼は全てを解決するにはそれしかないという口ぶりだったけど、そうでないことはお互いに理解していた。

「わかった。僕も街を出るよ。一緒に行こう」

すぐに返事をした。これはケジメなんだと理解しつつも、それでも僕は黒沢君を救うことをあきらめていなかった。一緒に家出し行動を共にすることできっとチャンスが来ると考えたのだ。

ドラクエⅢの発売に合わせてこの街を出る。別の場所へと連れて行く。僕らはそう決意した。**もう物語は止まらない、**そう実感した。

第4章

絶望の先にあるもの

教室の喧騒はいつもより色濃かったように思う。話題の中心はやはりドラクエⅢのことだったけれども、その内容は少し違ったものになっていた。

「まずいことになったな」

黒沢君が駆け寄ってくる。

僕らは来《きた》るべきドラクエの発売日に合わせ、その前日に家出をする計画を練っていた。尾崎の歌にあるように、家に帰りたくなくて家出の計画を立てているわけではない。ただ、黒沢君にとってはケジメとしての家出だったし、僕としては好機を睨む家出であった。ドラクエのために徹夜で並ぶ、そういう体で家出をすれば、とりあえず街を出るまではなんとかなると思っていた。少なくとも僕は両親にそう主張して家を出るつもりだったので、こちらの家庭からすぐさま騒ぎになることはない。

けれどもここにきて状況が大きく変わりつつあった。

何人かの児童がドラクエのために徹夜で並ぶかもしれない、という情報を学校側がつかんだのだ。中には、保護者ぐるみで行列に並ぼうなんて家庭もあった。

「たとえ保護者が同伴していても行列に並んではいけません」

それは犯罪に巻き込まれかねない危険な行為であるという連絡がなされた。それでもなんのその、俺はドラクエのために並ぶよ、という児童も何人かいた。

そんな諦めが悪い児童に対して学校側が強硬手段をとる。

ここにきてなぜか風紀委員なる新たな役職を制定したのだ。

風紀とは名ばかりでタイミング的にはドラクエのいざこざを防止する役職であることは明白だった。

徹夜で並んだり、ドラクエを恐喝したり、借りパクしたり、そういったイザコザを防止する役割。学校側はそうは言わなかったけれども、あきらかにタイミング的にそれだった。

そして、その風紀委員長に抜擢されたのが谷岡だった。

このへんは学校側が本当に上手なのだけど、谷岡は暴力の王なので風紀とは正反対の存在だ。いちばん風紀を侵害しているのが谷岡だ。ただ、その谷岡に風紀委員、それも委員長をやらせることで強く風紀を意識させようという狙いがあった。

しかも、谷岡も満更でもない感じで、おそらく怒られたら反抗し、褒められたら増長するタイプのようで、委員長に抜擢されたことですっかりやる気になってしまった。

「徹夜で並ぶようなやつ、ばしばし取り締まるからな、よろしく」

みたいな心強い所信表明まで飛び出す始末だ。

委員長となった谷岡は、委員たちを自分の一派で固めた。そして発売日の前日から駅で張り込むことを宣言した。すっかりやる気になっていやがる。

うちの街には特殊な事情があった。

小さな田舎町で、ドラクエを発売日に販売するような店がほとんどなかった。1店舗くらいはあったと思うけど、入荷数も少なそうな雰囲気で、かなり熾烈な争いになることが予想された。

そうなると、発売日の前日に鉄道を使って隣の市に行く必要があったのだ。隣の市はそれなりに大きな街だったので、ファミコンを扱う店も多い。

もちろん、その鉄道の本数も田舎なのでそう多くはない。つまり、その駅さえ監視していればかなり効率的に防ぐことができるのだ。谷岡は手下を使って徹底的に監視すると宣言した。かなりやる気を出していやがる。

「かなりまずいね」

クラスの中でも諦める連中が出てきた。谷岡一派を敵にまわしたくないのだ。

「でも僕たちはべつにドラクエを求めているわけじゃないから」

そう、僕たちはもうドラクエは諦めた。ドラクエに並ぶと見せかけて家出をするのだ。

「駅を監視するといっても完全ではないだろう。目を盗んで乗り込んでさえしまえば」

目を盗んで列車に乗り込むくらいはできるだろう。その先にある行列の監視までやられたらお手上げだけど、僕らは行列に並ぶわけではない。街を出るのだ。なんとかいけるんじゃやないか。そんな楽観的な目論見があった。

それに、谷岡一派に睨まれることは問題ではない。もう鎌爺の件とか小学生横綱の件とか、色々と噂になっていて、隣の校区のスパイとまで言われて睨まれている。いまさら気にすることではない。


そしてドラクエの発売日、その前日を迎えた。

僕らは、学校指定のナップサックと、黒沢君の黒いランドセル、それにめいっぱいの荷物を詰めて街を出ることにした。もう戻らないと心に決めたように装いながら駅に向かって歩き出した。

片やそれがケジメになると信じ、片やそれが解決の糸口になってくれると信じながら。偽りの家出へと向かった。

小さな町の小さな駅、そこに小さなベンチがあって、その脇に赤いポストがあった。そこには、郵便局員が集荷に来る時間が書かれていて、午後5時に来るとはっきりと書かれていた。

「つまりさ、5時になると郵便局の人が来てポストを開ける。そのときに死角ができるはずだ」

駅に到達すると、やはり谷岡の一派が見張りをしていた。谷岡もいたし、その手下も3人ほどが駅の周りを固めていた。

特にポストの横という要所が固められていた。ここは駅前も、駅の中も、ホームまでも見張ることができる重要ポイントだ。ここを固められるとどうしようもない。谷岡一派もそれがわかっているようで、そこに手下の中でいちばん素早い男を配置していた。

「津村君の姿が見えないいな」

谷岡の腰ぎんちゃくである津村君がいないはずがないので、ここから見えないだけでかなりの人員が配置されているとみるべきだ。

「なにやってんだ、お前ら?」

物陰に隠れて駅の様子をうかがう僕ら、ふいに後ろから話しかけられ、飛び上がるほどにビクンと体を震わせてしまった。

そこには小学生横綱の姿があった。

「そっちこそなにやってんだよ」

焦りを悟られないよう、平静を装って対応する。

「俺はあれよ、弟が定期的に通院してな。おばあちゃんと帰ってくるんだよ。それを迎えに来た。お前らはなに？」

そう言って駅のほうに視線を移す。タイミングの悪いことに、そこに偉そうに巡回する谷岡の姿があった。

「お、あれが噂の谷岡か。ははーん、噂には聞いていたけど隣の市に行かないように監視してるんだろ。あいつらが監視してて嫌だってうちの連中も言ってたわ」

なかなか察しがいいヤツだ。

「それでお前らはどうしてもドラクエの列に並びたいから、あいつらの目を盗んで列車に乗りたいわけね」

そうではないけど、目を盗んで乗りたいという部分では間違っていない。

「どら、じゃあ俺が谷岡に喧嘩を売って隙を作ってやろう」

上着を脱ぎつつある小学生横綱を必死で止める。こんなきっかけから大抗争に発展しようものなら、ますます僕らの立場が悪くなる。

「なんで止めるんだよ、あの谷岡のやつとはどっちが強いか、いつか決着つけたろうとおもってたんだ」

まさしく相撲サイボーグだ。

「いやいや、さすがにそこまでしてもらうのは悪いよ」

こちらも必死で止めるのだけど、小学生横綱は聞く耳を持たない。

「なんで、俺たちもう友達だろ。友達のために一肌脱ぐのは当たり前だろ」

その気持ちは嬉しいのだけど、余計に事態がこじれるだけなので本当にやめてほしい。

「もうすぐで郵便局の回収がポストに来るから、そこで隙が生じるからさ、そこで乗り込む」

そう説明するのだけど、やはり聞いてもらえない。横綱はウズウズするぜと言わんばかりの表情で腕をグルグル回し始めた。おまえ、たんに相撲をとりたいだけだろ。

「そんなもの隙になるか。それだったら隣の駅から乗ればいい。あそこはホームしかない無人駅だし、うちの校区だし、監視はいないんじゃない」

その手があったか。

そう、隣の校区の駅だから無意識に敬遠していたけど、あそこなら監視はいなさそうだ。なにせ入り込むだけで火種になる場所だ。そこに監視を置くとは考えにくい。

「ありがとう！　隣の駅から乗るわ」

小学生横綱にお礼を言い、すぐに走り出す。本数が少ない路線だ。急がないと時間的にギリギリになりそうだからだ。

「おう！　また相撲をとろうな！」

横綱がそう声を上げる。返事をすると見つかるので、振り返って手を振ってこたえる。

「絶対お断りだよな」

「絶対お断りだわ」

僕らはそう確認しあいながら全力で走った。


隣の駅はそう遠くなかった。先ほどの駅のホームから頑張ればホームが見えるくらいの距離だった。なんとかの次の列車に間に合った。

息を切らせて無人のホームに飛び込む。

「来ると思っていた」

ホームの手前には、大きな歯科の看板があった。その看板の物陰に隠れている人物がいた。

「念のためこっちの駅も監視するって谷岡さんの作戦が大当たりだ」

そこには谷岡の腰ぎんちゃくである津村君の姿があった。隣の校区であるこの駅にまで危険を冒して監視を置く谷岡の本気度がうかがえたし、まあ、津村君なら危険な目に遭ってもいいという谷岡の邪悪な考えも垣間見えた。

「お前らを乗せるわけにはいかないし、谷岡さんにも報告しなければならない」

津村君は勝ち誇った顔でそう言った。

「べつに報告はすればいいけど、僕たちは乗るよ。でもドラクエのためじゃない。どれだけ止めても僕たちはこれから来る列車に乗る」

黒沢君は堂々とそう言ってのけた。あまりに堂々とした口ぶりに津村君が怯《ひる》んだのがわかった。

「ドラクエのためじゃないならなんなんだよ」

彼の声は徐々にか細いものになっていった。

「それを君に教える義務はない。だって君は自分の意思ではないでしょ？　命令されてやってるんでしょ？　僕たちは自分の意思で目的を持ち、列車に乗ろうとしている」

津村君は完全に怯んでいた。

「だいたい君はそれで幸せなの？　谷岡の言いなりになってそれで周りからは嫌われて」

津村君が答える。

「谷岡さんに睨まれて酷い目に遭うことが確定しているお前らよりは幸せだよ」

その言葉に黒沢君はさらに真剣な顔つきになって反論した。

「幸せや不幸なんて他人と比べるものじゃないよね」

それは、なんだか津村君にではなく、黒沢君が自分自身に言い聞かせているように感じた。

「誰かに比べて幸せって本当に幸せな人はそう考えないと思う。逆に不幸は、誰かと比べているとそこから抜け出そうという気持ちが無くなる。だからそれらは人と比べるべきじゃない」

黒沢君はさらに付け加えた。

「僕たちより幸せと言った君は本当に幸せなの？」

今度は僕が津村君に話しかける。黒沢君がこれ以上やるとただ彼を追い詰めるだけになってしまう。

「僕はさ、津村君のことずっと知ってるからさ、それこそアイドルのことが大好きで夢中で『明星』とか買ってたじゃん。その時から本当にアイドルが好きなんだなって思ってた。だから今の津村君が本意じゃないのはわかる」

津村君は本当にアイドルが好きなだけの素朴な子どもだった。時代が時代だったら、地下アイドルの動画のコメント欄に文字の板を書きかねない、それくらいアイドル好きだった。とてもこんな風に権力を振りかざすような人間ではなかった。

「だからもう無理するのはやめよう。それに約束する。僕たちはドラクエの行列に並ぶわけじゃない。命令は並ぶやつを阻止しろだろ。それなら僕たちを乗せても命令違反にはならない。絶対に並ばない。他に目的があるから。僕たちは」

遠くに列車のヘッドライトが見えた。もう夕暮れが近いとあって、その光はかなり目立っていた。微かに聞こえていた踏切の警告音も順番に大きな音へと変化していった。

あっという間に列車がホームへと滑り込んだ。

津村君は身を挺して僕らが乗るのを阻止するかと思ったがそうではなかった。

「早く乗れよ。俺はなにも見てないから。報告もしない」

目を瞑りながらそう言った。

「絶対にドラクエには並ばないんだろ」

「ああ、約束する」

列車はドアを閉め、あっという間にホームの津村君の姿を置き去りにしていった。ドアが閉まる間際、津村君は呟いていた。

「俺がアイドル好きなこと覚えてたんだな」

そりゃ覚えている。僕もアイドルが好きだったからだ。『明星』を貸してほしかったからだ。


「危なかったな」

ガラガラに空いている車内。僕と黒沢君はボックス席に座った。

「着いたらまずは飯を食いたいな」

笑顔を見せる黒沢君とは裏腹に、僕は納得できないわだかまりみたいなものを抱えていた。

彼が言った言葉だ。

「幸せや不幸なんて他人と比べるものじゃないよね」

黒沢君のこの言葉は矛盾している。僕が何度、解決しようと言っても、彼は他の人よりはマシだから、もっとヤバい人、前に学校にもいたからね。その人よりは恵まれているよ。彼はいつもそう言って断った。それこそ、幸せや不幸を他人と比べているんじゃないか。矛盾しているんじゃないか。それは妙に納得できないものだった。

そんな2人を乗せて、列車は隣の市へ向けて走っていた。


いくつかの駅に停車し、1時間ほどの乗車で終点に到着した。隣の市の中心駅だ。住んでいる町のそれとは違って駅も大きく、駅前には多くの店が建ち並んでいる。

もう日が暮れていた。こんな夜間に、子どもだけで隣の市にいる。それも街の中心だ。ネオンが眩《まばゆ》い。なんだかそれは胸が高鳴るものだった。

「商店街に行ってみようよ」

引っ越してきて数か月と間もない黒沢君はこの街の勝手をあまり知らない。ほとんど来たことないとも言っていた。

駅から10分ほど歩くとアーケード商店街があり、そこがこの街の中心だった。ゲームショップも3つほどあり、おそらくドラクエの行列が形成されつつあることが予想された。

アーケード商店街に入ると、すぐに最初のゲームショップが姿を現した。その店先にはいくつかコーンが置かれていて、そこに毛布をかぶったおじさんが数人、並んでいた。

「ドラクエⅢ、整理券配布の予定はありません」

みたいな手書きの案内が貼られていて、物々しい雰囲気が漂っていた。

しばらく歩いた先にあるゲームショップは、いちばん大きい店で、ドラクエの入荷数も多いと期待したのか既に結構な行列が形成されていた。

その行列の脇には手製の看板が掲げられている。

「深夜帯は静かに並んでください」

なぜか五文字目の「静」だけ金色のフォントで印刷されており、なぜそこだけゴージャスにしたのか理解不能だった。

「さてと、どうしようか」

ドラクエの行列を確認したのち、黒沢君がそう言った。そう、僕らはドラクエの列に並ぶわけではなく、家出なのだ。かといって僕らの家出にビジョンがあるわけではない。住む場所を探して仕事を探すなんて荒唐無稽《こうとうむけい》なことだってわかっていた。それでも僕らは家を出てここにやってきた。

「あのさあ、黒沢君はさ……」

たぶん、黒沢君はケジメとして家出をしたにすぎない。そしてこの家出が失敗に終わり、それでも僕らはなんとかしようと行動したと溜飲を下げる、それだけのために家出をした。だからここまで来た時点で目的達成だ。

それを指摘しようとすると、前方から見るからに怪しい男が迫ってきた。

完全無欠のヤンキーみたいな男だ。それがフラフラとこちらに向かって歩いてくる。金髪だし、攻撃力の高そうなアクセサリーをつけているし、咥えタバコだ、完全に犯罪組織の一員だ。

「やだ。怖い。来るんじゃなかった。絶対にカツアゲされる」

黒沢君も同じ考えだったようで、僕らはアーケードの隅で小さくなっていた。話しかけてくるな、そのまま通りすぎてくれ、そう祈りながらただただ震えることしかできなかった。

「おい！」

僕らの祈りをあざけ笑うかのようにその伝説のヤンキーは話しかけてきた。

「お前ら小学生だろ？」

震えながら頷く。

「ドラクエか？」

今度はブンブンと左右に首を振る。

「ビビんなって。カツアゲとかしねえからよ」

そう言って笑ったヤンキーの口には歯がなかった。サメの牙《きば》みたいに三角に尖った歯が数本見えるだけだった。めちゃくちゃ怖い。

「あっちの店にも何人か小学生いたからさ、気をつけるように言ってんだよ。おれ、あっちの店に並んでるからよ、カツアゲとか誘拐とか、そういうのあったら大声だせよ。人のいない夜のアーケードは声が響くから大丈夫。飛んでいくから」

なんだめちゃくちゃいいやつじゃねえか。

ヤンキーはさらに続ける。

「だから、べつにカツアゲとかそういうのは怖くねえんだけどよ。商店街の赤い悪魔にだけは気をつけろ」

そう言って凄んでみせた。

「赤い悪魔?」

ヤンキーいわく、この商店街は夜になると全身を真っ赤な服で固めた怪しい人物が出没するらしい。普段はすべての店が閉店していて人もいないアーケードで、たまたま近道をしようと通りかかった人が目撃して追いかけられるらしいのだけど、今日はドラクエの行列が形成される日だ。人がたくさんいる。赤い悪魔も発奮していつもより活発かもしれない。だから気をつけろとのことだった。

ヤンキーはそれだけを告げて笑いながら去っていった。

「いい人だったね、歯がなかったけど」

「いい人だったな、歯がなかったけど」

そんな会話をしながら歩く。ついに、3つ目のゲームショップも通りすぎ、アーケードを端から端まで歩ききってしまった。

この日を家出の日に選んだのは成功だった。普段なら寂しくて心細くて、もう家に帰りたい気持ちになるのに、今日はドラクエの行列ができている。その非日常感はなんだかワクワクするもので、心細い気持ちをかき消してくれた。

「どうする?」

それでも、もうすることがなくなってしまった。どうしようかと切り出すと、黒沢君は満面の笑みで答えた。

「決まってるだろ、赤い悪魔を捕まえる」

なんでそうなるのか、まったく理解できなかった。

「危ないでしょ」

「危ないことをするために家出したんだって」

黒沢君は理解できないことを言った。少なくとも家出の理由はそれじゃなかったはずだ。いつの間にか目的が変わっている。

「赤い悪魔っていってもどうせ鎌爺みたいなもんだろ。怖くない」

「いや、その鎌爺もめちゃくちゃ怖くて僕たちは逃げまどったんだけど……」

「なにせ僕たちには鎌爺を捕まえた実績があるからな」

そんな実績は断じてない。

なんだか黒沢君の子どもスイッチが急に入ったように感じた。

何度かアーケードを往復した。通りすぎるたびにゲームショップの前の行列が伸びていた。それ以外の店はシャッターを閉じ、あっという間に人の気配がなくなっていった。

「いないいな、赤い悪魔」

シャッターが建ち並ぶひっそりとしたアーケード。ふと何の気なしに振り返ると、チラリと視界の端に赤い何かが見えたような気がした。

「まさか、赤い悪魔？」

ドキリとした。ただそれを黒沢君に言ってしまうと、スイッチが入っている彼のことなので捕縛に行くと言い出しかねない。気づかなかったふりをしてやりすごすしかなかった。なあに、ただの見間違いだ。

ただ、今度は結構はっきりした形で全身が赤い人間の姿が見えた。

しかも黒沢君もそれに気がついたようだった。

「あれ、赤い悪魔じゃね？　いこう、捕まえるぞ！」

その赤い姿は、横丁へと入っていった。

シャッターが並ぶ商店街の一角に、スナックなどが入る一角があって、そこだけシャッターを閉めずに煌々《こうこう》と明かりが灯っていた。そこに赤いそれが入っていったのだ。

駆けだした黒沢君の後を追って走る。すぐに横丁の入口に到達した。

その横丁は2階にもスナックなどがあるため、入ってすぐの場所にちょっとゴージャスな階段があった。赤い存在はその階段を上っているところだった。

「捕まえるぞ！」

黒沢君がめちゃくちゃ勇ましい。

すぐにあとを追った。

しかし、不思議なことに、階段を上りきった先にはいくつかのスナックはあるものの闇が広がっているだけで、赤い存在すら消え失せていた。

僕らは背筋に冷たいものが走る感覚を覚えた。

「消えるタイプの怪物なんだって」

そういった怪異を直接的に経験してしまった。それはこれまでに感じたことのない恐怖だった。そして、ダメ押しでさらなる怪異が僕たちを襲った。

この横丁の2階は完全なる2階ではなく、吹き抜け構造でバルコニーみたいになっていた。つまり、通路の手すりから覗きこめば1階の通路の様子も、アーケード通りの様子も見えるのだ。

そこに、赤い悪魔が歩いていた。

「なんで?」

「ここ行き止まりじゃん。降りる階段もないのになんで下にいるの」

「瞬間移動?」

完全なる超常現象だ。僕らは完全に恐怖に支配された。

その瞬間だった。僕の肩にポンと大きな手が置かれた。

おそるおそる振り返る。

赤い悪魔だった。

全身が真っ赤な存在がそこに立っていた。

「ぎゃ――――!」

アーケード中に響き渡るほどの大声を上げ、階段を駆け下りて走って逃げる。

黒沢君も信じられない形相で狂ったように叫び声をあげて逃げた。

ちなみに、かなりの大声を上げたけど、ヤンキーは助けに来なかった。

アーケードから飛び出し、知らない住宅街にまで来ていた。

「めちゃくちゃ怖かった」

「本当にいるんだな、赤い悪魔」

汗だくになりながらそう話していると、赤い存在が今度は自転車で僕らの横を通り過ぎていった。

よくよくみると、それは居酒屋の制服のようで、背中には店の名前がデーンと書かれていた。

たぶん、赤い悪魔はこの居酒屋の店員で、あの横丁の2階に倉庫でもあったのだろう。そこに入ったから消えたように見えた。下を歩いていたのは別の店員だ。そして、倉庫から出てきた店員が、ギャーギャー怖がっている僕らに話しかけようと手を置いた。それだけのことだった。

けれども僕らはそれが妙におかしくて面白くて、ただただ笑いあった。本当に頭がおかしくなったんじゃないかと思うほどに笑いあった。

「あー、楽しかった」

笑いすぎて涙が溢れてきたようで、黒沢君は右目を擦りながら、また笑った。そして、急に真顔になって言った。

「さあ、帰ろうか。家出は終わり」

黒沢君はそう宣言した。このときの黒沢君の息がとても白く、それを見て急に強く寒さを感じたのを今でも覚えている。


住宅街の星空は綺麗でまるで星が降ってくるかのようだった。

すっかりと冬になった夜空からはいつも以上に星の光が届いていた。それはまるで雪のようでもあった。

「やっぱり」

黒沢君の宣言を受けて、僕はそう答えた。なんとなくそんな気がしていたからだ。時間的にも、まだまだ帰りの列車はある。いまなら遅い時間ではあるものの帰宅できる時間だ。黒沢君はケジメとして家出をしている、そろそろその責任も果たしたのだろうから、そう言ったのだろう。

　僕たちは家出が成功するなんて思ってなかったし、それでなにかが解決するなんて思っていなかった。それをわかって僕らは家出をしたのだ。

「たぶんケジメみたいな家出なんだと思っていた。それはいいんだけどさ、やっぱり黒沢君はおかしいと思うよ。幸せや不幸を人と比べるもんじゃないって津村君に言っていたじゃん。でも黒沢君は比べてる。もっとひどい人がいる、それに比べたらマシって。それって津村君となにが違うの？　問題は黒沢君がどう感じるかじゃないの？」

　その言葉に黒沢君は押し黙ってしまった。

「僕はずっと伝え続ける。伝わらなくても伝える。絶対に黒沢君は救われるべきだ。嫌なことから救われるべきだ」

「体や心に消えない傷ができたら。いやもうできてるかもしれない」

「打ち所が悪くて黒沢君が死んじゃったら……」

　涙声になる。それでも言葉が溢れてきて止まらなくなってしまった。

「いま、騒ぎが大きくなることで会えなくなっても、助かってさえくれれば」

「大人になってから会えるよ。絶対に会えるよ」

「だから救われてほしい」

それは心配だった。たぶんきっと、黒沢君がいなくなって傷つく自分を心配したのだと思う。でもそれでいい。利己的な心配でもいい。

泣き出す僕に黒沢君が涙声で答える。

「大丈夫、伝わってるって」

「あのさ、僕が家出を言い出したのは、べつにケジメとかじゃないよ。こんな夜中にこんな場所まできてさ、谷岡の包囲網をかいくぐって、赤い悪魔を探してあんなに笑ってさ、もう、めちゃくちゃ楽しかった。この思い出があるから大丈夫」

ケジメじゃない。思い出なんだと言った。

「親戚にめちゃくちゃ信頼できるおじさんがいるんだよ。正義感が強くてさ、すごく頼りになる。そのおじさんに相談するよ。そうなったらきっと、おじさんに引き取られることになると思う。また転校することになって会えなくなるかもしれないけど大丈夫」

「だから家出はこれで終わり。帰ろう」

「会えなくなっても大丈夫」

その次のセリフは、僕と黒沢君で重なった。

「大人になってから会える」

こうして僕らのバカげた家出劇は終わりを告げた。

家に帰り、ドラクエを買いに行ったけど列が長すぎて諦めた。そう説明することで大きな騒ぎにはならなかった。

僕ら子どもに詳細が伝えられることはなかったけど、それからしばらくして黒沢君は転校していった。特にお別れ会などもなかった。

あの洋館もしばらくは人が住んでいる気配があったけど、冬が過ぎ去り、春が訪れる頃には空き家に戻り、また確固たる心霊スポットとして地位を取り戻した。

あれからずっと、僕は伝えるということについて考えている。人はなぜ伝えるのだろうかと。

誰かに何かを伝えようとした人なら経験しているはずだ。そして理解している。伝えたいことは基本的には伝わらない。伝わったように感じるか、間違って伝わるか、伝わらないか、それだけで、基本的に自分の意図が完全に伝わることはない。

けれども、伝わらないからといって伝えることは無意味なのだろうか。

もし、本当に伝えることが無意味なのだとしたら、伝えるという行為は完全に廃れ、人類の歴史から抹消されているはずだ。けれども、そんなことはない。相変わらず僕らは伝わらないのに伝えることをやめない。ほっといてもなにかを伝え始めてしまう。だからきっと、伝わらなくても伝え続けることに意味があるのだろう。

なぜ僕らは伝えることをやめないのか。

その主たる要因は、伝え続けると伝える本質が変化していくからではないだろうか。基本的に伝わるべきではない内容はなにをどうしようが伝わらない。どんなに策を弄しても伝わるべきものは伝わり、そうでもないものは伝わらない、これは絶対だ。

極端な例を挙げると、荒唐無稽な事象を声高らかに主張したとしても、やはり荒唐無稽なので誰にも伝わらない。伝わらなかった。伝え方が悪かったかとプレゼン資料を凝ったものにしたり、言い方を変えてみたり、少し洗脳めいた舞台を用意したとしても、やはり荒唐無稽な事象は伝わらない。伝わるわけがない。そんなものを伝えるには騙すなどの詐欺めいた手法しかないわけだ。

そこで、荒唐無稽な事象に縋《すが》り、どんどんとあさっての方向に行ってしまう人もいるけど、多くの人は「なぜわかってもらえないんだろう。なぜ伝わらないんだろう」と考える。そこで自分の考えがおかしいんじゃないか、そう考える。それは荒唐無稽なにかから、少し誰かに聞き入れられやすい事象に変化する。注意すべきなのは、良いものに変わるわけではない。

伝わるべきものに変わるという点だ。

伝え続けることは、伝えるものの本質を伝わるべきなにかに変化させていく。

僕は黒沢君にどんなに大ごとになろうとも、しかるべき場所に相談してきちんとした解決を図るべきだと伝えた。けれども伝わらなかった。彼は首を縦に振らなかった。そこでなんで伝わらないんだと憤るでもなく、伝え続けた。

僕は伝えている内容が正しいと信じて疑わなかったけど、あまりに伝わらないから疑い始めた。そして、どこかであまりに黒沢君の立場に立っていない内容だと感じた。彼の思い、彼の立場、彼の心配、そんなものを考えずにただ伝えたって伝わるわけがない。最後に僕は「大人になってから会えるよ」と訴え方が変わっている。そして伝わった。

これこそが伝え続けることによる本質の変化なのだと思う。

僕らは伝え続けなければならない。伝わらないという絶望を抱えながら、それでも伝え続けなければならない。きっと、それが本質を、より伝わるべきものへと変化させていくために必要なのだ。そしてそれはきっと、いいものなんだろう。

僕はその瞬間が好きで伝え続けているのだろう。


コメダ珈琲の喧騒はどこか静かで、どこか心地よかった。

手元のタブレットと睨めっこをする。この原稿の修正だ。アプリの切り替わりで一瞬だけタブレットの画面が暗転する。そこには、もう小学生時代など遠くに置き去りにした自分の姿が映る。あの時からずいぶんと時間が経った。思えば、ずっとままならないの連続、そんな人生だった。

隣のテーブルの男は、まだ書けないと絶望していた。

男はまた吐き捨てるように言った。

「もう書けません。絶望です」

彼は頭を掻き毟りながら吐き捨てるように続けた。

「なんでおれ、書き続けているんだろう」

それは同感だ。

どうして僕らは書き続けているのだろうか。

隣の席でアイスコーヒーを口に運びながら、心の中でエールを贈る。

「書くって、伝えるってままならないことだよなあ。でも、僕らは伝わらないとわかっていても、それでも伝え続けなくちゃならない。書き続けなきゃならない。そうすることで伝えたい内容の本質が変容していくから。伝わるべきものへと変わっていくから。だから伝え続け、書き続けなくてはならない」

スマホにメッセージが届く。同年代の友人からだ。

「ついに最愛の娘に、一緒に風呂に入りたくないと言われた!」

それはとてもショックなことだったらしく、悲しそうなスタンプがついていた。

さらにメッセージが届く。

「こうならないように気をつけていたのに」

「すごいショックだ」

「また俺の愚痴をきく飲み会をしようぜ」

それらのメッセージの間隙を縫ってメッセージを送る。

「どんだけ嫌われても、娘のことを愛してるって伝え続けることが大切だよ。伝わらなくても伝え続けること。頑張れ、黒沢君」

さあ、と気合を入れなおし、僕はノートパソコンを取り出し、キーボードを打ち始めた。
僕はきっと、伝え続けなければならないからだ。

おわり

この世に存在する文章の9割はまともに読まれない。ほとんどが見向きもされないもので、読まれたとしても真剣に向き合ってはもらえない。奇跡的に読まれることがあった文章の中でも、さらに9割は、伝わらないか、間違った形で伝わる。つまり、意図が伝わったように見える文章は本当に希少なのだ。

もし、君が何かを書いてみたとき、それがたとえ渾身のものであっても、誰にも読んでもらえないかもしれない。伝わらないかもしれない。間違った形で伝わるかもしれない。批判されることだってあるかもしれない。それによって書くのが嫌になってしまうことだってあるだろう。それが絶望だ。

この世の中は成功例だけが届きやすい。バズっている文章、多くの称賛を集めている文章を見て、自分が書いたものはなんてダメなんだろう、と思うことだってある。いきなり大きなバズをかまして書籍化したり、大物の書き手になっていく人を見て、自分との差異を感じることもあるだろう。でも、本当は上手くいかないことの方が圧倒的に多いのだ。

そこで「きっと上手くいきますよ」なんて軽はずみに言ってはいけないのだろう。だから、この本では、最初に「おつかい」という自分の恥部を紹介した。僕は最初から上手くいかなかった方の書き手なのだ。

22年間の執筆活動を振り返ると、全てが上手くいったわけではなかった。まったく読まれなかった文章もたくさんあるし、予想外に怒られた文章だってある。そんなものだ。悔しくて情けない思いなんて何度も経験してきた。

でも、やはり文章術の本を読むと成功例ばかりが書かれていたりする。それらを読んで嫌になってしまうことだってあるだろう。人は上手くいってる様子なのに、自分は上手くいかないからだ。

けれどもまあ、そんなものはあまり気にする必要はない。世の中は常にままならないのだ。ままならないからおもしろいんじゃないの。

僕のデビュー文章の「おつかい」は自分以外、1人にしか読まれなかった。読まれないし、届かないし、伝わらなかった。それでも諦めずに、伝え続けること、積み重ねることだけをやりつづけた。それは僕の生き方だったように思う。

僕は上手く文章を綴る才能もセンスもない。ただ愚直に、自分の信念に基づいて積み重ねていくことしかできない。それが僕の人生だった。文章に限らず、僕は自分の能力のなさを異常な繰り返しでしかカバーできない人間だ。

それは諦めなかったらきっと報われるはず、なんていうセンチメンタルな事象ではなく、本編でも述べたように、伝えることを積み重ねることで、本質が伝わるものへと変化していくことだ。伝わらないのは伝え方や文章技術が悪いからじゃない、本質が伝わるレベルに達していないのだ。だから下手でもなんでも伝え続けなくてはならない。

小手先の伝え方を伝える文章術は多い。けれども、なにをどうやっても伝わらないものは伝わらない。本質が伝わるレベルにない考え方や物語をいくら着飾っても伝わらない。

伝わらないという事象に向き合って、どうすれば伝わるか考えるうちに、もしかしてこの考え方がおかしいんじゃないか、となっていく。それが本質の変化だ。だから、文章が上手に書けない、誰にも読んでもらえない、伝わらない、そうやって嘆く必要はない。嘆く前に、試行錯誤をしてみよう。ずっと繰り返して積み重ねていけば、きっと本質が変化する。それはいつかなにかを生み出すはずだ。

かねてから不思議に思っていたことがある。

ダイエット本をめちゃくちゃ太った人が書いていたらあまり説得力がないはずだ。だから、曲がりなりにも痩せている人や、ある程度はダイエットに成功した人が書いているはずだ。それがその本の説得力にもつながっている。

この世の中に文章の書き方を書いた本は多い。バズる方法みたいなやつまである。バズり方だけでなく、ウケる文章の書き方、伝わる文章の書き方、上手な文章の書き方、note の続け方、そういった表現や文章に関する書籍や記事は多い。詳しく明言すると方々に敵を作ることになるので避けるけれども、じゃあ、それらに本当に説得力があるのか。みなさんはそのような視点でそれらを読んだことがあるだろうか。

「教える」

これはなかなか難しい。特に How to 的な何かを書くとなると大変だ。これは書いてみないとわからないことだけど、けっこう適当なことを書いてもそれっぽく見えるなという意識がどんどん大きくなる。

すべてがそうだとは言わないけど、書いていると気持ちよくなってきて、自分でも実践が難しそうなことを書いてしまう。実践することは難しいけれども、やりましょうと書くことはあまりに簡単だからだ。

ダイエットには100日間の断食が有効と書くことは簡単だけれども、それを実行すると命の危険がある。書くことと実践にはそれだけの隔たりがあると理解すべきだ。

僕はいつも、そういった文章技術の本や記事などを本当に実践できているかという視点で見ている。ひどいものになると「わかりやすい文章を書きましょう」とわかりにくい文章で書いてあるものすらある。実践できていないじゃないか。それくらい、実践とは難しいものなのだ。

そして、自分がもし、その種の文章を書くことになった際は、それを教えつつ、同時に実践したものを書きたい、ずっとそう思っていた。

幸いなことに、今回、その種の書籍を書く機会をいただき、僕のわがままを通した形でとんでもない構成の本ができあがってしまった。まさかここまでやらせてくれるとは思わなかった。

お気づきの方もいると思うが、この本に書かれた文章術めいたものは、すべてこの本の中で実践されている。それこそが、伝える者の責任なのだろうと考えるから、すべて実践させてもらった。

もう一度いう、この本では僕が22年間で培った、試行錯誤の文章術が書かれており、それがすべて実行されている。これはそういう本であった。

そして最後にひとつ伝えたい。これは僕にとってはとても難しく、ほとんど実践できてはいないので、本編には登場しなかったエッセンスだけれども、とても大切なことなのでこの「あとがき」で伝えようと思う。

この本の中で、何度も文章を書くことが好きになってはいけないと述べた。嫌いになるべきとも述べた。憎むべきくらい言ったかもしれない。さすがにそれは言いすぎだった。

けれども、文章を書くことは嫌いでも文章を書く自分のことは好きになってほしい。僕にとっては文章を書くことは少なくとも生き方であった。その生き方はあまり好きでなくとも、そこを生きる自分は好きになってほしい。そんな願いがある。ままならない人生を一生懸命に生きる自分、その自分の最後の味方になってほしい。

僕は自分のことがあまり好きではない。

基本的にどうしようもない人間だし、だらしないし、お金も貯められないし、余計なことを言いがちだし、周りに対する配慮も欠けている。きっと気づいていないだけで多くの人を傷つけているだろう。

だから僕は自分のことが本当に好きではない。

ただ、テキストサイトを始めて文章を書くようになっていちばんの変化は、patoという存在が生まれたことではないか、そう思っている。

patoとは僕ではなく、文章の中にいる僕である。

patoはなかなかたいしたもので、なかなか執念めいている。何が彼をそうさせるのかわからないが、彼には99の段を覚えた少年時代の執念みたいなものが受け継がれている。

文章の中にいる僕は、少なからず誠実で、少なからず頑張っていて、少なからず諦めが悪くて、少なからず誰かのために生きている。前向きで、いつも頑張っている。そして、途中で投げ出さない。すべて僕にはない要素だ。

もしかしたら僕は文章の中にいる pato が少なからず好きなのかもしれない。僕は文章を書く自分を好きになれないが、pato という存在にそれを投影して好きになろうとしているのかもしれない。

文章を書く自分のことが少しでも好きになれるよう書く。これはまだ完璧にはできていないけど、できるようになったとき、また僕の書く文章が変わっていくのだろう。だから、本当に好きになることができたら、憧れを込めて彼に質問してみたいと考えている。

「どうやったら君みたいに書けるんですか」

僕がそう質問したら、きっと pato は笑って答えるだろう。

「僕もう、22年もこんなことやってるんですよ」

おわり

参考文献

保育園落ちた日本死ね!!!（アノニマスダイアリー）

’89牧瀬里穂のＪＲ東海クリスマスエクスプレスのＣＭが良すぎて書き殴ってしまった（さくマガ）

職場で「わたしのコンソメスープ」という意味不明コラムを書かされた時のこと。（Books & Apps）

思いっきり感情移入しながら『ドラクエＶ』をプレイしたら絶対にビアンカを選ぶ（電ファミニコゲーマー）

Amazonで「鬼滅の刃」のコミックを買ってしまったのに、どうしても読み始める気になれない。（Books & Apps）

青春18きっぷで日本縦断。丸5日間、14150円で最南端の鹿児島から稚内まで行ってみた（SPOT）

【徒歩で100km】廃線になる三江線の全駅を死にそうになりながら記録してきた（SPOT）

patoの「おっさんは二度死ぬ」（日刊SPA!）

【徒歩111km】多摩川に架かる橋は何本あるのか徒歩で確かめてきた（SPOT）

森田まさのり『べしゃり暮らし』（ジャンプコミックス）

140円のきっぷで2日かけて1035km移動してみたら普通に地獄だった【年越し最長大回り】（SPOT）

タコの刺身が好きすぎるので最高に合うしょうゆを100本の中から探してみた（みんなのごはん）

深夜の歌舞伎町で「ジョーカー」を観ようとしたら、ホストと客の痴話喧嘩が始まった。（Books & Apps）

『アベンジャーズ／エンドゲーム』を心の底から楽しむために過去の21作品を48時間ぶっ続けで観た（インベスタイムズ）

「Books&Apps」でpatoが書いた記事一覧

「SPOT」でpatoが書いた記事一覧

「さくマガ」でpatoが書いた記事一覧

「日刊SPA!」でpatoが書いた記事一覧

pato（ぱと）

ライター。累計5000万PVを超えるテキストサイト「Numeri《ぬめり》」管理人。ネット黎明期の2000年代初頭にサイトを開設。まったく誰にも読まれていなかったところから文章を鍛錬しつづけ、一躍人気サイトとなる。ライターとして複数の媒体で記事を書くようになると、たんなる商品紹介やPRを超えた「読ませる」文章に、ファンがじわじわと増えていく。JR東海クリスマスエクスプレスのCMへの愛を爆発させた分析記事や、『鬼滅の刃』にまつわるエッセイなど、100万PV超えの記事を連発。証券会社が運営する『インベスタイムズ』でなぜか映画『アベンジャーズ』についての記事を書き「たしかに投資だし深い」と絶賛されたり、『ぐるなび』のサイトで100本の醤油をレビューしたりなど、たびたびネット界を沸かせている。『日刊 SPA!』で連載を持つほか、『Books&Apps』、『SPOT』、『さくマガ』など、数多くのメディアに寄稿。いまもっとも売れているWEBライターと評され、各界のクリエイターや芸能人の中にもpatoファンを自称する人は多い。好きな言葉は、「人の心を動かすのは才能ではなく、真摯さとひたむきさ」。

文章で伝えるとき いちばん大切なものは、感情である。

読みたくなる文章の書き方29の掟

発行日　2024年4月10日　第１刷
発行日　2024年4月30日　第２刷

著者　pato

本書プロジェクトチーム
編集統括　柿内尚文
編集担当　大西志帆
デザイン　吉岡秀典（セプテンバーカウボーイ）
DTP・図版作成　エヴリ・シンク
校正　東京出版サービスセンター

営業統括　丸山敏生
営業推進　増尾友裕、綱脇愛、桐山敦子、相澤いづみ、寺内未来子
販売促進　池田孝一郎、石井耕平、熊切絵理、菊山清佳、山口瑞穂、吉村寿美子、矢橋寛子、遠藤真知子、森田真紀、氏家和佳子
プロモーション　山田美恵
講演・マネジメント事業　斎藤和佳、志水公美

編集　小林英史、栗田亘、村上芳子、大住兼正、菊地貴広、山田吉之、福田麻衣
メディア開発　池田剛、中山景、中村悟志、長野太介、入江翔子
管理部　早坂裕子、生越こずえ、本間美咲
発行人　坂下毅

発行所　株式会社アスコム

〒105-0003
東京都港区西新橋2-23-1　3東洋海事ビル
編集局　TEL：03-5425-6627
営業局　TEL：03-5425-6626　FAX：03-5425-6770

印刷・製本　中央精版印刷株式会社

Printed in Japan　ISBN 978-4-7762-1326-0